国家中等职业教育改革发展示范学校规划教材 · 市场营销专业

企业管理认知

主　编　李素芳

副主编　鲍炜磊　杨　敏

中国财富出版社

图书在版编目（CIP）数据

企业管理认知／李素芳主编 . —北京：中国财富出版社，2015.3

（国家中等职业教育改革发展示范学校规划教材 . 市场营销专业）

ISBN 978 - 7 - 5047 - 5640 - 4

Ⅰ.①企⋯ Ⅱ.①李⋯ Ⅲ.①企业管理—中等专业学校—教材 Ⅳ.①F270

中国版本图书馆 CIP 数据核字（2015）第 070475 号

策划编辑	惠 姗	责任印制	何崇杭
责任编辑	孙会香 惠 姗	责任校对	梁 凡

出版发行 中国财富出版社

社　　址　北京市丰台区南四环西路 188 号 5 区 20 楼　　邮政编码　100070

电　　话　010 - 52227568（发行部）　　　　　　　010 - 52227588 转 307（总编室）

　　　　　010 - 68589540（读者服务部）　　　　　010 - 52227588 转 305（质检部）

网　　址　http://www.cfpress.com.cn

经　　销　新华书店

印　　刷　中国农业出版社印刷厂

书　　号　ISBN 978 - 7 - 5047 - 5640 - 4/F · 2347

开　　本　787mm × 1092mm　1/16　　　　　　版　次　2015 年 3 月第 1 版

印　　张　8　　　　　　　　　　　　　　　　印　次　2015 年 3 月第 1 次印刷

字　　数　166 千字　　　　　　　　　　　　　定　价　23.00 元

版权所有 · 侵权必究 · 印装差错 · 负责调换

国家中等职业教育改革发展示范学校
规划教材编审委员会

主任委员　常新英　河北经济管理学校校长
　　　　　　　郑学平　河北经济管理学校副校长

主要委员　户景峰　苏国锦　孙　艳　张宝慧　赵金辉
　　　　　　　孙明贺　贺为国　郭　萍　贾晓英　王　静
　　　　　　　李小香　张志磊　李素芳　鲍炜磊　邵　新
　　　　　　　尹　静　姬玉倩　何素花　吕玉杰　张秀生
　　　　　　　朱亚静　王林浩　刘会菊　王翠英　吴翠静
　　　　　　　骆　园　张月华　杨　丽　崔　杰　周　琳

总 策 划　王淑珍　崔　旺

前　言

长期以来，在教学中使用市场售卖的职业教育教材时，深感现有教材不能适应教学工作的实际需要，为此我们编写了这本《企业管理认知》教材。

本教材按照教育部关于中高职人才培养目标的要求，针对中职院校教学的实际需要，突出实用性和实践性、基础性和扩展性、层次性和灵活性的特点，以通俗易懂的语言和理论联系实际的讲解，介绍了以企业为特定对象的基层综合管理和企业职能管理，为学习者设计了一个系统科学的企业管理知识体系，并通过理论、案例、实训相结合的手段，加强对学生认识能力、分析能力、操作能力的培养，全面满足企业管理学理论与实践教学的需要。本教材具有如下特色：

（1）摒弃"中高职压缩型"教材模式，采用全新的体例。为适应知识经济环境下人们自学的要求，本书借鉴国际畅销管理学教科书的规范体系，重新构架了全书体例。本系列教材以培养学生的实际操作技能为主线，教材编写上要求理论和实践相结合，以实践为主，强调理论够用；一般内容教学和案例教学相结合，加强案例教学内容；课堂教学和课外练习思考相结合，强化课外思考。

（2）教材内容简明易懂。针对目前我国中职教育的从业特点，职业教育教材建设努力做到理论简明且通俗易懂，实际操作技能过程程序化，以便于学生更好地接受和掌握。

（3）尽力满足读者的需要。本书面向中职读者，主要为解决我国企业管理的问题提供帮助，因而本书结构框架的设计、概念的归纳尽量贴近读者的思维习惯和语言基础；书中应用的实例和选择的案例大都取自我国企业，以便于读者理解和分析借鉴。本书还专门讨论了我国企业管理现代化的问题。

（4）努力反映时代要求和管理成就。企业管理日新月异，新的管理理论和管理经验不断涌现。本书努力反映近20年以内的企业经营环境和管理变化，充实管理理论新成果，例如最新的管理发展趋势、知识管理等。

　　为了更加完善本教材的内容，与河北建设勘察研究院有限公司进行长期合作，力求达到企业对人才的需求标准。河北建设勘察研究院有限公司的李永栋先生参编了本书的项目———初识企业管理。

　　本教材由李素芳担任主编，由鲍炜磊、杨敏担任副主编，苏国锦、张从罗、邵新、郭萍、何丽丽、杨耀然、韩晶参加编写。在此，一并表示衷心的感谢。

　　由于编者知识水平有限，教材中难免有疏漏之处，恳请广大读者提出宝贵意见，我们将及时进行补充和修正。

编　者

2015 年 1 月

目　录

目 录

项目一 初识企业管理

名 言

一切伟大的行动和思想，都有一个微不足道的开始。

任务一 了解企业基础知识

试一试

尝试自己企划一个企业的组织机构。

想一想

1. 一个人可以开公司吗？
2. 多少钱可以开一个公司？
3. 公司如果破产了，公司老板需要把个人和家庭财产都拿出来偿债吗？
4. 公司权力最大的是董事长吗？
5. 股份有限公司都是上市公司吗？

经典赏析

企业之惑

随着现代经济的发展，人们经常提及企业的方方面面，"企业"与"公司"两个经济组织名词被提及得越来越频繁。在绝大多数人心目当中，企业与公司只是说法不同而已，其实质是完全相同的。大家认为：企业 = 公司，公司 = 企业。

评一评

办企业 = 开公司？

— 1 —

🌐 相关知识

一、什么是企业

（一）企业的含义和特征

任何学习和研究企业管理的人，必须首先明确什么是企业。通常人们对于企业是这样来界定的：企业是指从事生产、流通、服务等经济活动，以及产品或劳务满足社会需要，并以获取盈利为目的，依法设立，实行自主经营、自负盈亏的经济组织。企业是社会经济的基本单位，企业具有技术和组织特征，企业的发展状态影响整个社会经济生活发展水平。

由此可以看出，企业必须具备一些基本的特征和要素。

（1）拥有一定数量、一定技术水平的生产设备和资金。

（2）具有开展一定生产规模和经营活动的场所。

（3）具有一定技能、一定数量的生产者和经营管理者。

（4）从事社会商品的生产、流通等经济活动。

（5）进行自主经营、独立核算，并具有法人地位。

（6）生产经营活动的目的是获取利润。

现代企业与以往各阶段企业形式相比更为成熟，更加符合现代经济社会发展的需求，它具备以下特征。

（1）明晰的产权关系。

（2）所有者和经营者相分离。

（3）拥有并系统采用现代技术。

（4）实施科学管理。

（5）企业规模化和专业化相统一。

（二）企业的发展

每个企业都有自己的发展历程，也是企业管理团队与管理理念逐步摸索与完善的过程，因而都有自己的企业发展史。企业发展具有阶段性，专家一致认为企业是有生命周期的，结合当代企业的发展特点，一般将企业生命周期划分为创立、扩张、成熟、整合和蜕变阶段。企业发展史，即是围绕企业的创立、扩张、成熟、整合和蜕变各阶段的发展状况，真实、准确、完善地记录下来的企业发展史册。

企业发展史，是企业管理团队与管理理念逐步摸索与完善的过程，包括企业创立、企业扩张、企业成熟、企业整合和企业蜕变等阶段的历史。具体说来，企业发展史应该包括这些内容：企业建制、企业发展过程、经营管理、团队组建、新产品开发、资产管理、经营机制转换、企业改制、企业管理理念、企业文化、企业大事记。

（三）企业的类型

企业可以根据不同的行业特征，分为工业企业、商业企业、交通运输企业、建筑企业、高新技术企业、金融企业、物流企业等。这些企业是社会生产力发展到一定水平的产物，它随着人类社会的进步、生产力的发展、科学技术水平的提高而不断地发展和进步，经历了手工业生产时期、工业生产时期、企业生产时期，最后过渡到现代企业时期。

根据企业资产构成和承担的法律责任划分，可将企业分为个人独资企业、合伙企业和公司三种基本类型。

公司是最典型的现代企业形式。

对工业企业，大型企业需满足从业人员在 2000 人及以上，销售额在 30000 万元及以上，资产总额在 40000 万元及以上；小型企业从业人员在 300 人以下，销售额在 3000 万元以下，资产总额在 4000 万元以下。

二、企业≠公司

在现实社会生活和经济活动中，有很多人会把企业与公司画等号，认为两者是一回事。究竟企业与公司是否相同，这涉及企业的法律形式。在法律上，根据企业的出资要求和企业主的法律责任可以将企业简单分为公司制企业与非公司制企业。

（一）公司制企业

公司制企业就是我们俗称的公司，公司根据公司章程设置组织机构，公司的最高权力机构和决策机构是股东会，董事会是公司的执行机构，监事会是公司的监督机构。公司可以按照不同的分类标准划分为不同类别。依据所有制性质不同，可以将公司分为国有公司、公私合营公司和民营公司；依据国籍不同可以将公司分为本国公司、外国公司和跨国公司；依据公司的股份是否公开发行及股份是否可以自由转让可以将公司分为封闭式公司（不上市公司）和开放式公司（上市公司）；依据股东对公司的责任承担不同可以将公司分为无限责任公司、有限责任公司、两合公司、股份有限公司和股份两合公司。业界更多地关注股东对公司责任的承担，我国《公司法》规定我国公司按照股东对公司责任承担不同可以分为有限责任公司和股份有限公司。

1. 无限责任公司

无限责任公司是指由两个或两个以上的股东所组成，股东对公司的债务承担连带无限清偿责任的公司。连带无限清偿责任是指股东不论出资多少，对公司债权人以全部个人财产承担共同或单独清偿全部债务的责任。无限责任公司是典型的人合公司。相对资合公司而言，人合公司的信用基础建立在公司股东个人的信用之上，而不在公司资本多少上。

对于无限责任公司而言，如果公司章程没有特别规定，无论股东出资多寡，每个股东都有权利和有义务处理公司的业务，对外都代表公司的权力，集中体现出人合性。但是，由于无限责任公司的风险太大，没有纳入我国公司法的范畴体系。

案例：

公司注册资本能否分期付款

王某和杨某两人决定设立一个咨询类有限责任公司，经协商后，制定了公司章程：① 公司的注册资本为 20 万元；② 王某出资 12 万元，杨某出资 8 万元；③ 王某首次出资 3 万元，杨某首次出资 2 万元，其余出资在公司成立后两年内缴付。

小组讨论：

1. 公司的注册资本是否符合要求？
2. 王某和杨某能否分期缴付出资？为什么？

2. 有限责任公司

有限责任公司又称有限公司，是指由 50 个以下股东共同出资，股东以其认缴的出资额为限对公司承担有限责任，公司以全部资产为限对公司的债务承担责任的企业法人。

有限责任公司不对外发行股票，股东的出资额由股东协商确定，可以用现金出资，也可以用房产、机器设备、车辆等实物出资，还可以用知识产权和土地使用权作为出资。但是不能完全以非货币方式作为出资，货币出资额必须超过注册资本的30%以上。

有限责任公司可以根据股东人数的不同分为普通有限责任公司和一人有限责任公司。普通有限责任公司的股东人数在 2 人以上，50 人以下。一人有限责任公司的股东人数为 1 人。这两类公司在出资要求、责任承担等方面有所不同。

普通有限责任公司最低注册资本金是 3 万元，不要求一次性支付，可以分期支付，但是所有首次出资额必须超过注册资本的20%，不足部分需在两年内缴足，投资公司可以五年内缴足。

而一人有限责任公司最低注册资本金是 10 万元，要求必须一次性缴足，且一个自然人只能投资设立一个一人有限责任公司。一人有限责任公司的股东如果不能有效证明公司财产独立于个人财产的，应对公司的全部债务承担连带责任。

💻 知识拓展

虽说一般规定有限责任公司的最低注册资本为 3 万元，但是对特殊行业和类型的有限责任公司的最低注册资本作出了详细规定：

（1）以生产经营为主的和以商品批发为主的有限责任公司，其最低注册资本不少于人民币 50 万元；

（2）以商业零售为主的有限责任公司，其最低注册资本不少于人民币 30 万元；

（3）科技开发、咨询、服务性有限责任公司，其最低注册资本不少于人民币 10 万元。

从以上可以看出，有限责任公司的优点是出资门槛较低，设立程序比较简单，不必发布公告，也不必公开账目，公司内部设置机构灵活；但缺点是不能公开发行股票，筹集资金的范围和规模一般都比较小，难以适应大规模生产经营活动的需要。因此，有限责任公司一般适合于中小企业。

3. 股份有限公司

股份有限公司又称股份公司，是指发起人人数在 2 人以上，200 人以下，公司资本划分为若干个金额相等的股份，股东仅以自己认购的股份为限对公司承担责任，公司以全部资产对公司债务承担责任的企业法人。

股份有限公司的最低注册资本金是 500 万元，上市公司最低注册资本是 3000 万元。公司的股份体现为股票形式，持有公司股票即为公司股东。股份有限公司的特征有以下几点：

（1）公司的股本全部分为等额股份，其总和即为公司资本总额；

（2）股东人数没有上限规定，便于集中大量的资本；

（3）股东以其所持股份享有权利、承担义务；

（4）公司信用的基础是资本而不是股东的个人信用，是典型的资合公司；

（5）公司的重大事项必须向社会公开；

（6）公司的设立有发起设立和募集设立两种，股份以股票的形式表现；

（7）股东的股份可以自由转让，但不能退股。发起人认购的股份自公司成立之日起三年内不得转让，公司董事、监事、经理在任职期间也不得转让所持有的本公司的股份。

股份有限公司的优点很明确：可迅速聚集大量资本，可广泛聚集社会闲散资金形成资本，有利于公司的成长；有利于分散投资者的风险；有利于接受社会监督。

股份有限公司的缺点在于：设立的程序严格、复杂；公司抗风险能力较差，大多数股东缺乏责任感；大股东持有较多股权，不利于小股东的利益；公司的商业秘密容易泄露。

因此，股份有限公司一般适合于资金实力比较雄厚的大型企业。

（二）企业的分类

1. 个人独资企业

个人独资企业是指由业主一个人投资兴办，财产为投资者个人所有，投资者以个人财产为企业承担无限责任的经营实体。个人独资企业的优点在于没有最低出资额的限制，建立和停业的程序十分简单易行，产权能够比较自由地转让，经营者与所有者合一，经营方式灵活，决策迅速，利润独享，保密性强。个人独资企业的缺点在于由于业主个人是以个人财产或家庭财产来承担无限责任，所以一旦经营失败，投资者须对企业债务负有完全责任，风险较大。

小组讨论：

个人独资企业与个体工商户是一个意思吗？如果不是，试比较分析个体工商户、一人有限责任公司、个人独资企业的区别。

2. 合伙制企业

合伙制企业简称合伙企业，是由两个或者两个以上的投资者订立书面合伙协议，共同出资，合伙经营，共同收益、共担风险的企业。合伙企业没有最低出资额的限制，新合伙人对入伙前的债务承担连带责任。

合伙企业分为普通合伙企业和有限合伙企业两类。普通合伙企业的合伙人被称为普通合伙人，合伙人能对外代表企业，对企业债务承担无限连带责任。有限合伙企业由承担无限连带责任的普通合伙人和承担有限责任的有限合伙人构成。有限合伙人对企业债务承担有限责任，不能以劳务出资，不对外代表合伙企业，不直接参与企业经营管理。

整体来讲，合伙企业与个人独资企业相比有很多优点。主要的优点是可以从众多的合伙人处筹集资本，使企业的筹资能力有所提高，合伙人共同偿还责任减少银行信贷风险，有助于提高企业的信誉。

合伙企业的缺点也很明显。合伙企业是根据合伙人之间的契约建立的，每当一位原有的合伙人离开，或者接纳一位新的合伙人，都必须重新确立一种新的合伙关系，从而造成法律上的复杂性。同时由于新合伙人对合伙之前的债务承担连带责任，导致新合伙人责任重大，通过接收新的合伙人增加资金的能力也受到限制。

3. 合作制企业

合作制企业是以本企业或合作经济实体内的劳动者平等持股、合作经营、股本和劳动共同分红为特征的企业制度。合作制企业是劳动者自愿、自助、自治的经济组织。

实行合作制的企业，外部人员不能入股，这是合作制企业与股份制企业的区别。如果在企业内部实行股票或股权证，合作制将转变为股份制。

经验证明，合作制有利于调动企业职工的积极性，有利于增强企业活力，降低成本，提高经济效益。由此可见，合作制适合于我国城乡的小型工商企业及各种服务性企业。因为这些企业一般都以劳动出资为主，本小利微，工资收入比较低，发展合作制比较适合。

知识拓展

企业名称一般由四个部分构成：行政区域、字号、行业特征、组织形式。

（1）行政区域：企业名称中行政区域是指县级以上（包括县级）的行政区域名，但是除全国性的企业，或者是经国务院批准的大型企业，或者是历史悠久的老字号外，一般不能用"中国"作行政区域。

（2）字号：违背社会公德，或者是公众熟知的县级以上的行政区域名（公众不熟知的县级以上行政区域名，且有其他含义的除外）等不合法律规定的词不能作字号。

（3）行业特征：使用例如"汽车制造""房地产开发""文化传播"等表示行业的词。

如果企业规模较大，业务范围涉及多个行业，就可以省略行业特征这部分。

（4）组织形式：

① 如果是公司制企业，股份有限公司的组织形式就是"股份有限公司"，有限责任公司的组织形式就是"有限责任公司"或者是"有限公司"。

② 如果是非公司制企业，组织形式只能是"厂、中心、店、所"，绝不能出现"公司"或"股份有限"或"有限责任"等字样。

如果企业规模较大，业务范围涉及多个行业或地区，就可以不用行政区域，组织形式可以用"集团"。

⚒ 任务实施

实训背景：当公司的规模发展到了一定阶段以后，由于业务和管理的发展需要，公司会出现分支机构，子公司和分公司就应运而生。

实训要求：分成 A 与 B 两组，实行小组对抗，A 组代表子公司，B 组代表分公司，通过小组对抗，得出子公司与分公司的区别及各自的特点。

⊕ 任务反馈

_____

_____

_____

任务二　管理知识认知

✎ 试一试

从管理的角度来判断"两点之间，直线最短"这句话的正误，并说明为什么。

👤 想一想

有多个管理者在一起对管理的最高境界进行讨论。

A 说：管理的最高境界是无为而治。

B 说：管理的最高境界是管好人心。

C 说：管理的最高境界是信任管理。

D 说：管理的最高境界是文化。

E 说：管理的最高境界是利润最大化。

请问：你如何看待上述观点？

📖 经典赏析

管理之道

北京某咨询公司的董事长兼总经理何某（以下称何总）常年跟公司的咨询人员战

斗在外地项目第一线，基本鲜见他回总部。他与下属同吃同住，任何事都喜欢亲力亲为，非常辛苦。40岁刚过，发已谢顶，面无光泽，精神异常疲倦。他管理员工的哲学就是：服从服从再服从。

他拟定出一套管理制度，具体如下：领导传唤员工，员工手上不管有什么活，必须随传随到。员工对领导的安排，即便有异议也不能拒绝，必须无条件服从，否则走人。公司禁止员工在上班时间讲话交流，因为讲话影响工作效率。上班时间员工手机必须处于关机状态，以便能安心工作。公司座机电话只能告诉给父母或者配偶，禁止告诉其他人等。上班不能带任何有存储功能的设备，公司电脑上无U盘接口，禁止上网。如果需要同事之间共享资料，必须申请，在专人监督下用软驱拷贝查阅。

如果在外地做项目，管理制度另有规定：出差期间不能告诉家人去哪儿出差，禁止员工在出差期间即便是休息日去找当地的同学、朋友，理由是保护客户秘密。出差期间上班时间为早上8点到晚上10点，午饭和晚饭吃饭加休息时间各1小时，晚上如果有会议，时间将延后不定。事实证明，何总是一个优柔寡断的人，只要晚上开会，往往大家到12点还不能散会，因为决策没做出来。

这段时间何总和项目组成员出差在某生产企业，该企业办公场所比较紧张，便安排咨询公司所有项目组员工包括何总在一间办公室办公。何总工作压力大，抽烟很厉害，一天能抽一包多烟，都是在办公室内解决。因为窗外就是生产工厂，粉尘很大，何总从不允许员工开窗，理由是外面灰尘大，开窗后灰尘进来对大家身体不利。因此下属们就整天坐在烟雾弥漫的办公室内伏案工作，没有一人提出异议。何总很高兴，觉得自己很权威，管理得很好，没有一个人敢对他说"不"。

公司创立几年来，何总的咨询公司员工来了一茬又走了一茬，像走马灯似的换得很快。用他的原话讲就是"新鲜血液不断涌动"。其真实原因是何总招员工在某个方面很慷慨，只要认为符合录用条件一签劳动合同就是3年，按照新劳动合同法的规定，试用期可以最长到6个月。因此只要被何总招进公司，试用期都是半年。可是几乎没有人能熬过半年的，因为在何总手下干够半年不是件容易的事。所以何总一直以来基本都在用退休的兼职员工和处于试用期的员工，用工成本很低。何总为自己独到的成本管理方法沾沾自喜，认为自己管理有方。

✎ 评一评

何总是一名成功的管理者吗？为什么？

🌀 相关知识

一、管理的定义

"管理是什么"是每个初学管理的人首先需要理解和明白的问题，这个问题涉及管理的定义。逻辑学认为概念是反映客观事物的一般的、本质的特征，定义是对概念的内涵或语词的意义所做的简要而准确的描述。管理的定义是组成管理学理论的基本内容，明晰管理的定义也是理解管理问题和研究管理学最起码的要求。从词义上，管理通常被解释为主持或负责某项工作。人们在日常生活中对管理的理解是这样的，平常人们也是在这个意义上去应用管理这个词的。但自从管理进入人类的观念形态以来，几乎每一个从人类的共同劳动中思考管理问题的人，都会对管理现象做出一番描述和概括，并且顽固地维护这种描述和概括的正确性甚至唯一性，人类从来就不曾取得对于管理定义的一致理解。由于管理概念本身具有多义性，它不仅有广义和狭义的区分，而且还因时代、社会制度和专业的不同，产生不同的解释和理解。随着生产方式社会化程度的提高和人类认识领域的拓展，人们对管理现象的认识和理解的差别还会更为明显。

长期以来，许多中外学者从不同的研究角度出发，对管理作出了不同的解释，然而，不同学者在研究管理时出发点不同，因此，他们对管理一词所下的定义也就不同。直到目前为止，管理还没有一个统一的定义。特别是 21 世纪以来，各种不同的管理学派，由于理论观点的不同，对管理概念的解释更是众说纷纭。认可度极高、颇具代表性的是西方几位管理学家给出的几种说法。

泰罗：管理是确切地了解你希望工人干些什么，然后设法使他们用最节约的方法完成它。

法约尔：管理就是计划、组织、指挥、协调和控制。

霍德盖茨：管理就是协调其他人来完成工作。

德鲁克：管理是一种以绩效责任为基础的专业技能。

西蒙：管理即决策。

总的来说，各有真知，也各有不足之处，但这些定义都着重从管理的现象来描述管理本身，而未揭示出管理的本质。那么，如何对管理这一复杂的概念进行比较全面和一般地概括呢？让我们对管理活动的一般情况先做一下剖析。管理是一种行为，作为行为，首先，应当有行为的发出者和承受者，即谁对谁做；其次，还应有行为的目的，为什么做。因此，形成一种管理活动，首先要有管理主体，即说明由谁来进行管理的问题；其次要有管理客体，即说明管理的对象或管理什么的问题；再次要有管理目的，即说明为何而进行管理的问题。有了以上三个要素，就具备了形成管理活动的基本条件。同时，我们还应想到，任何管理活动都不是孤立的活动，它必须要在一定的环境和条件下进行。以上分析说明，任何一种管理活动都必须由以下三个基本要素构成，即管理主体，回答由谁管的问题；管理客体，回答管什么的问题；组织目的，回答为何而管的问题。

综合上述各种观点，本书对管理所下的定义是：管理是组织为了达到个人无法实现的目标，通过计划、组织、协调、控制等各项职能手段，合理协调资源的过程。

管理的这一定义包含了以下内容。

1. 管理的主体

管理的主体是组织。组织包括企事业单位、国家行政机关、社会团体和宗教组织等。

2. 管理的客体

管理的客体是资源。资源包括人力资源、资金资源、物质资源和信息资源等。在这些资源中，人力资源是最重要的，因为任何组织必须要有人才能建立和发展，人与物的关系最终都表现为人与人的关系。任何资源的分配和协调都是以人为中心的，所以管理要以人为中心。

3. 管理的职能

管理的职能包括计划、组织、指挥、协调和控制。

4. 管理的目的

管理的目的是实现既定的目标。这个既定的目标单靠个人的力量是无法实现的，这是组织存在的原因。

二、管理的性质

1. 管理的科学性

管理的科学性是指管理必须有科学的理论、方法来指导；要遵循管理的基本原理、原则，管理必须科学化。如果不承认管理的科学性，不按科学规律办事，违反管理的原理与原则，随心所欲地进行管理，必然受到规律的惩罚，导致管理活动的最终失败。

2. 管理的艺术性

所谓艺术性是指创造性的方式、方法。管理的艺术性是指一切管理活动都应当具有创造性。管理的艺术性由三方面决定。

（1）管理总是在一定的环境中进行的，而管理的环境是不断变化的。因此成功的管理必须依据不断变化的环境进行调整，灵活多变地、因地制宜地运用管理技巧和方法解决实际问题。

（2）管理的主要对象——人，具有主观能动性和感情。由于管理的对象人是一个极其特殊的社会群体，不同的人有不同的性格，在不同情境下呈现出不同的情绪特征。作为管理者而言，要准确把握不同管理对象的性格和情绪特征，有针对性地运用不同的管理方法和技巧，因人、因时而灵活处理，方能达到管理的效果。

（3）管理者性格的多样化。管理者可能呈现出多种性格特征，可能是典型胆汁质，可能是典型多血质，可能是典型黏液质，还有可能是混合型个性。每一个性格特征的管理者都会因为自身性格原因或多或少影响其管理方法和技巧，例如胆汁质的管理者其管理可能大气、豪放，不拘泥细枝末节；多血质的管理者的管理手段灵活多变，因时而动；黏液质的管理者在管理中遇事冷静，处乱不惊，重视细节的处理。因此不同管理者的个性特征和生活阅历成就了各自不同的管理风格，形成了诸多实用的管理技巧和方法。

3. 管理是科学和艺术的统一

管理既是科学，又是艺术，是两者的统一，此两者有机结合，没有明确的界限。说它是科学，是强调其客观规律性；说它是艺术，是强调其灵活性与创造性。管理的艺术性是对管理的科学理论的发挥与延续，离开科学的基础就不可能有真正的艺术性。同时管理艺术性的发挥必然是在科学理论指导下的艺术性发挥，管理艺术性、创造性的结果在普遍适用之后就逐步成为科学理论。因此管理的科学性与艺术性是相互作用，相互影响的，共同发挥管理功能，促进目标的实现。

三、管理者的工作

如果我们只将管理者的工作停留在上述片面的层面，没有一个系统清晰的认识，那说明我们对于管理者的工作还是一知半解，没有上升到一定高度。因此我们非常有必要认真学习和了解以下知识：管理者的工作职能和工作角色。

（一）管理者的工作职能

管理者的工作职能指的是管理者为了有效地实现组织目标，而做出的各项工作。归纳起来，管理者的工作职能主要包括计划、组织、指挥、协调和控制五个方面。

1. 计划

计划是为实现组织既定目标，管理者对未来的行动进行规划和安排的工作过程。在具体内容上，包括组织目标的选择和确立，实现组织目标方法的确定和抉择，计划原则的确立，计划的编制，以及计划的实施。计划是全部管理工作职能中最基本的职能，也是实施其他管理工作职能的条件。计划是一项科学性极强的管理活动。任何一个管理者要想工作突出，卓有成效，必须学会修炼成为一个科学的计划制订者，去保障管理活动的正常运行和落实。

2. 组织

为实现管理目标和计划，管理者必须设计和维持一种职务结构，在这一结构里，把为达到目标所必需的各种业务活动进行组合分类，把管理每一类业务活动所必需的职权授予主管这类工作的人员，并规定上下左右的协调关系。为有效实现目标，还必须不断对这个结构进行调整，这一过程即为组织。组织职能一般包括设计与建立组织结构、合理分配职权与职责、选拔与配置人员、推进组织的协调和变革等。组织为管理者的工作提供了结构保证，它是进行人员管理、指挥、协调和控制的前提。

3. 指挥

指挥就是管理者对组织内每名成员和全体成员的行为进行引导和施加影响的活动过程，其目的在于使个体和群体能够自觉自愿且有信心地为实现组织既定目标而努力。指挥所涉及的是管理者与下属之间的相互关系。

4. 协调

协调是指管理者处理内外部公共关系的活动，特别是使组织内部的每一部分或每一成员的个别行动都能服从于整个集体目标，是管理过程中带有综合性、整体性的一种职能。它的功能是保证各项活动不发生矛盾、重叠和冲突，以建立默契的配合关系，保持整体平衡。与指挥不同，协调不仅可以通过命令，也可以通过调整人际关系、疏通环节、达成共识等途径来实现平衡。

5. 控制

控制是管理者按既定目标和标准对组织的活动进行监督、检查，发现偏差，采取纠正措施，使工作能按原定计划进行，或适当调整计划以达到预期目标。控制工作是一个延续不断的、反复发生的过程，其目的在于保证组织实际的活动及其成果同预期目标相一致。

管理者工作职能循序完成，并形成循环往复，其中每项职能之间是相互联系、相互影响的，以构成统一的有机整体。管理者的五项工作职能，归根结底是为了实现组织的目标。

小组讨论：

管理者的工作是什么？

1. 是不是整天坐在办公室里签字盖章？

2. 是不是一天到晚不停地接打电话部署工作？

3. 是不是需要一天到晚如赶场似的到处接见客户，在饭店觥筹交错？

(二) 管理者的工作角色

1. 管理者的人际角色

管理者在工作中常常需要处理组织内部员工和组织外部利益相关者的关系，这时管理者所扮演的工作角色就是人际角色。管理者的人际角色可以分为三类。

（1）代表人角色。作为组织的领导，管理者必须经常行使一些礼仪类的职责。例如管理者出席参加剪彩活动，以组织名义参加社会慈善活动，与利益相关方的谈判活动等。此时，管理者充当的是代表人角色，他此刻的一举一动、一言一行代表的是组织的形象和利益。因此，管理者在充当此角色时应尤为慎重。

（2）领导者角色。管理者在与组织内部成员共同工作时，需要关键时候做出决策，选择正确的领导方式；运用权威，实施指挥；有效激励员工，调动员工的积极性，留住优秀的员工以维持组织的核心竞争力。此时管理者充当的是领导者角色，需要对工作的成败得失负主要责任。

（3）联络者角色。管理者是一座桥梁，担当着连接上下和内外的重任，这就是管理者的联络者角色。一方面，要求管理者必须了解员工的想法，收集员工的意见和建议，如实向上级反映；同时需要将上级主管部门的计划要求准确无误地传达给下级员工，绝对不能欺上瞒下。当然平行部门之间的联络也十分必要，需要经常沟通。另一方面，管理者还需要担当组织内外的联系人，起到沟通内外的作用。

2. 管理者的信息角色

信息是组织发展的重要资源，管理者在工作中必须确保与工作伙伴之间保持信息的及时性、准确性和完整性，这是工作顺利完成的重要保障。这就要求管理者在工作中成为信息传递渠道，此时他扮演信息角色。管理者扮演的信息角色可以分为三种。

（1）监督者角色。监督的目的是获取信息，管理者可以通过各种办法获取一些有用的信息，如通过密切关注组织自身状况及外部环境变化，通过接触内部员工，通过利用公共关系网等方式获取信息。例如公司监事会主席需要通过监督董事会及高管的日常工作来向股东会报告公司情况，保障公司的正常运转。

（2）传播者角色。作为传播者，管理者把监督到的重要信息传递给工作伙伴。但是，在特殊情况下，管理者也会因特殊原因故意隐瞒某些特定信息，从而保障组织的正常秩序。

（3）发言人角色。管理者信息角色的最后一种是发言人角色。管理者必须要把信息传递给他人，例如上市公司向股民和社会公众报告公司的财务状况等。

3. 管理者的决策角色

管理者在处理信息时，根据信息所提供的依据，得出结论，最后做出决策，并分配资源以保证决策方案的实施。一般而言，管理者的决策角色分为四种。

（1）企业家角色。作为企业家，管理者对发现的商机进行投资，例如开发新产品、提供新服务或者是提出并实施新的营销模式等。

（2）冲突管理者角色。一个组织不管被管理得多好，它在运行过程中都不可能没有冲突发生。作为管理者，必须要学会冲突管理的方法和技巧，妥善处理冲突和解决问题，善于调解员工之间的矛盾和争端，平息客户的怒气，与不同的供应商进行谈判等。

（3）资源分配者角色。资源包括人力资源、财力资源、物质资源和信息资源。不管是哪一种资源，都是稀缺的，谁都希望自己能更多地占有资源。管理者经常充当资源分配者这一角色。但是要把有限的资源分配得恰到好处，不引起争端，的确是一件非常困难的事情。管理者在分配资源时，必须要考虑到事情的轻重缓急，善于处理各方关系，协调各方利益，保证资源分配得合情合理。

（4）谈判者角色。管理者所扮演的最后一个角色是谈判者角色。管理者几乎每天都要面临谈判问题，和员工谈判，和客户谈判，和供应商谈判，以及和其他的利益相关方的谈判，等等。无论身处何种组织，管理者都会为了组织的利益经常需要谈判，这就要求管理者熟练掌握谈判的技巧方法，将组织的损失减少到最低，为组织争取更多的利益。

（三）管理和领导

在现代社会中，领导这一现象随处可见：每个国家都离不开执政党和政府机构的领导，企业离不开董事长、总裁、总经理和部门经理等各级领导者的领导，军队离不开各级军官的领导，即使是在非正式组织中，也存在一个相对权威的人领导着组织内的成员。

在现实生活中，不少人认为管理与领导是同一个概念，他们之间没有什么不同，似乎领导过程就是管理过程，两者之间没有明确的界限。实际上，管理和领导是两个不同的概念，两者既有联系又有区别。管理学界对领导的定义并没有统一的认识，以下是近年来一些颇有代表性的观点。

法约尔："领导"，就是寻求从企业拥有的所有资源中获得尽可能大的利益，引导企业达到它的目标。"管理"，只是职能中的一项，由领导保证其进行。但是，它在上层领导人的作用中占有那么重要的位置，以至于有的好像这作用就纯粹只是管理了。

管理学家对领导的定义虽有所不同，但实质内容是相同的，都认为领导是率领下属实现组织目标的过程。

管理与领导两者的目的都是实现组织目的，但两者的区别却是显著的。

一方面，领导和管理并不完全属于同一范畴，领导是管理的一个职能，一般称为领导职能，但管理的其他职能，则不属于领导。比如组织中的参谋人员所从事的工作是管理工作，但不是领导工作。管理是指管理行为，而领导工作既包括管理行为，也包括业务行为。比如，作为企业的领导者会见重要人物，参与谈判，出席一些公共活动。领导与管理的范畴既有包含的部分，又有互相区别的部分，但一般而言领导主要是对人的领导，主要是处理人与人的关系，特别是上下级关系，这是管理活动中的核心问题；除对人的管理之外，管理的对象还包括财、物，管理不仅要处理人与人之间的关系，还要处理财与物、物与人、人与财的关系。管理涉及的范围比领导要广泛得多。

另一方面，领导和管理相互区别，但密切相关。领导和管理属于两个不同的行为层次，但是它们密切相关、难以分离。领导活动的重点在于做出决策，确立奋斗目标、规划，以及制定相应的政策，为本地区、本部门、本单位的工作指引前进的方向等，领导从整体发展的目标出发，着重于争取赢得良好的外部环境；而管理是为了保证领导确定的目标，着重于维护和加强组织的正常秩序，管理就是决策。管理就是对人的管理，即对人的行为进行控制。管理就是通过他人的工作达到自己（组织）的目标。管理就是通过计划工作、组织工作、指挥及控制工作的诸过程来协调所有资源，以便实现既定的目标。管理即要达到资源利用的高效率和组织目标实现的高效益的统一境界。

四、如何修炼成为一名优秀的管理者

要想修炼成为一名优秀的管理者，必须有良好的素质和突出的能力。

案例：

赖斯成功的秘诀

美国前女国务卿赖斯，其奋斗史颇具传奇色彩，短短 20 多年，她从一个备受歧视的黑人女孩成为著名外交官员，奇迹般地完成了从丑小鸭到白天鹅的转变。有人问她成功的秘诀，她简明扼要地说，"因为我付出了八倍的辛劳"。

赖斯小的时候，美国的种族歧视还很严重，特别是在她生活的伯明翰，黑人地位低下，处处受白人欺压。赖斯 10 岁时全家到首都游览，却因身份是黑人，不能进入白宫参观。小赖斯倍感羞辱，凝神远望白宫良久，然后回身一字一顿地告诉父亲："总有一天，我会成为那里的主人。"

赖斯的父母很赞赏她的志向，就告诉她：改善黑人状况的最好办法就是取得非凡的成就，如果你拿出双倍的劲头往前冲，或许能赶上白人的一半；如果你愿意付出四倍的辛劳，就得以跟白人并驾齐驱；如果你愿意付出八倍的辛劳，就一定能赶在白人前头。

为了能"赶在白人前头"，她数十年如一日，以超过白人"八倍的辛劳"发奋学习，积累知识，增长才干。普通美国白人只会英语，她则除母语外还精通俄语、法语、西班牙语，并考进名校斯坦福大学拿到博士学位；普通美国白人26岁可能研究生还没读完，她已经是斯坦福大学最年轻的教授，随后又出任了斯坦福大学历史上最年轻的教务长；普通美国白人大多不会钢琴，可她不仅精于此道，而且还曾获得美国青少年钢琴大赛第一名；此外，她还专门学习了网球、花样滑冰、芭蕾舞、礼仪，白人能做到的她要做到，白人做不到的她也要做到。最重要的是，普通美国白人可能只知道遥远的俄罗斯是一个寒冷的国家，她却是美国国内数一数二的俄罗斯武器控制问题的权威。天道酬勤！"八倍的辛劳"带来了"八倍的成就"，她终于脱颖而出，一飞冲天。

小组讨论：

你认为赖斯成功的秘诀是什么？

（一）优秀管理者应该具备的素质

1. 品德素质

管理者作为组织中的佼佼者，作为下属学习的标杆和榜样，不仅需要在政治上经得起考验，还必须具备优良的品德素质。一名优秀的管理者，应该正直诚信，言行一致，不能阴险虚伪，言而无信。对待组织应该忠于职守、乐于奉献，有强烈的责任心和归属感；对待工作应该兢兢业业，奋发向上；对待下属应该以身作则，宽容大度，公平待人，不拉帮结派。对待工作中和自己意见不一致的同事或下属，一定要识大体、顾大局，就事论事，绝不搞打击报复。

2. 知识素质

管理是一项复杂的系统工程，所以要求管理者具备丰富的知识，并且要与时俱进，进行知识的更新。我们以企业管理者为例，他们掌握以下基本知识非常必要。

（1）宏观知识。不懂宏观就不懂管理。企业管理人员必须在了解宏观经济知识的前提下，关注国家宏观调控的目标，熟悉大政方针，敏锐洞察未来经济发展趋势，为指导工作提供政策依据和行动导向。

（2）行业（企业）知识。管理者都身处于一个具体的行业（企业）当中，因此对行业（企业）知识的了解显得必要而必须。每个行业（企业）都有其专属特征，管理者需要对行业（企业）的历史、行业（企业）技术工艺特征、行业（企业）规范与集中度、行业（企业）发展前景等方面有清晰的认识和透彻的把握，才能真正融入这个行业（企业），了解这个行业（企业）。

（3）专业知识。作为企业管理者，应该具备扎实的企业管理专业功底，熟练掌握和运用企业战略管理、采购管理、生产运作管理、营销管理、财务管理、人力资源管理、客户关系管理、商务谈判等专业知识。将这些知识形成一个系统，融会贯通。

（4）其他相关知识。管理者仅仅掌握上述知识还是远远不够解决管理中遇到的所有问题，必须还要扩大知识的广度和深度，掌握其他与管理工作相关的知识，归纳起来有以下六点：① 法律知识：管理者必须知法守法，依法管理。在面对相关法律纠纷时，要运用法律武器维护企业的权益。企业管理者需要掌握的法律知识主要包括社会保障法、民商法、经济法、税法等。② 心理学知识：管理者的管理对象是人，人的心理活动复杂多变。作为企业管理者，必须要熟悉管理心理学和消费者心理学，加强对管理对象的心理特征和活动的认识、了解，有针对性地进行科学和艺术的管理，才能事半功倍。③ 语言知识：企业管理者通常需要进行语言沟通，包括书面语言和口头语言。书面语言指公文的写作能力和水平必须符合规范，措辞得当。口头语言是指管理者应该学会一些方言或者是一两门外语。如果管理者在对外交往中能熟练使用方言或是外语，不仅能表现出自己的素质，而且容易拉近与交谈对象的关系，更容易达成沟通目的。④ 社交礼仪知识：企业管理者必须掌握正式商务礼仪知识，尊重各地风俗习惯，合理化妆、搭配衣着，妥善接待和宴请来宾，不卑不亢、落落大方，塑造良好的个人与企业形象。⑤ 电脑知识：作为信息时代的管理者，必须懂得基本的电脑知识，熟练掌握办公室软件操作，熟练利用各种搜索工具进行信息收集，熟悉一两种统计工具进行数据分析等。⑥ 文艺类知识：如果管理者拥有较好的文学艺术修养，在诗词歌赋、音乐舞蹈方面有过人之处，往往会在管理过程中收到意想不到的效果，提高个人亲和力和美誉度。

由此可见，知识素质需要管理者具备相当的专业知识和足够的知识跨度。具体地说，就是要求管理者具有"三维知识结构"，即知识的深度、广度和时间度。深度指管理者对知识精通，而不是一知半解，能系统深入地掌握知识的理论框架和实务操作。广度指管理者的知识面要宽，即不仅掌握本专业或本岗位的系统知识，还应该熟悉现代管理知识和各种相关知识。时间度是指管理者的知识要适应新经济时代的要求，要不断地进行知识更新，补充新知识，淘汰旧知识。总之，具有扎实的知识基础、博学多才，对现代管理者而言，具有十分重要的意义。

3. 心理素质

心理素质是人心理面貌稳定性倾向的总和，一般包括性格、情绪、意志、兴趣等。良好的心理素质是现代管理者能力的内在基础，对管理活动效能的影响极大。作为一名现代管理者，要培养自己健全的心理素质。具体地说，就是要有渴望成功的强烈欲望、健全的性格，即要勤奋、朴实、认真、自信、自谦、开朗豁达、宽容大度、公平正直；稳定的情绪，即对事业要高度热情，善于控制自己的感情，具有稳定、持久、乐观等特点，良好的情绪不仅有助于管理者自己的心理健康和提高工作效率，而且对稳定员工情绪、感染员工热情、激励员工士气有着相当大的作用；坚强的意志，即要有坚持不懈、百折不挠、坚毅而有恒心、不达目的誓不罢休的精神；广泛的兴趣，表现为强烈的好奇心与旺盛的求知欲，作为一名管理者应有广泛的兴趣，不仅对本行业感兴趣，而且对相关行业也感兴趣，当然管理者最大的兴趣应该在自己的管理工作上，不应该舍此而求彼。

4. 身体素质

管理工作任务繁重、节奏快、压力大，不仅需要管理者具有丰富的知识和经验、良好的心理素质，而且还要求他们拥有强健的体魄。俗话说："身体是革命的本钱"，此话一点都不假。试想在现代管理中，管理者每天需要处理各种纷繁复杂的工作，加班、出差作空中飞人都是家常便饭。如果没有一个强健的体魄，没有养成经常锻炼身体的良好习惯，很难胜任管理者长年累月的高压工作。因此，为了延长自己的职业生涯，更好地服务于组织和社会，管理者应该养成良好的生活习惯，加强身体锻炼。

案例：

透视王均瑶现象

2004年11月7日，"胆大包天"的均瑶集团董事长王均瑶，因患肠癌医治无效在上海逝世，年仅38岁。王均瑶英年早逝，令人扼腕，他的死被称为"王均瑶现象"，引起了人们对中国企业家健康状况的极大关注。

据2008年1月28日新华社信息：目前中国的企业管理者担负着超乎寻常的责任。一天工作11小时，睡觉5~6个小时，一周只休息一天，一周66小时的工作时间里，有21小时花费在会议桌上和谈判桌上。

过度劳累和精神高度紧张，巨大的压力，长时间超负荷工作，难以排解的抑郁、焦虑和孤独，无不影响着企业家的心理和身体健康，从而导致了这群企业管理者极其令人担忧的健康状况。《中国企业家》杂志对国内企业家进行了《企业家工作、健康与快乐状况调查》，结果表明，"肠胃消化系统疾病"占30.77%，"高血糖、高血压及高血脂"占23.08%，"吸烟和饮酒过量"占21.15%，90.6%的企业家处于"过劳"状态，28.3%的企业家"记忆力下降"，26.4%的企业家"失眠"。

这反映出中国企业家在精神和体力上普遍的过劳状态，应唤起企业家和管理者们对健康多加注意，切不可马虎大意。

（二）优秀管理者应该具备的能力

1. 决策能力

决策能力是中高层管理者的最重要能力，美国管理学家西蒙有句名言："管理就是决策。"正确的决策会使组织发展朝气蓬勃，欣欣向荣；反之，关键时候错误的决策会导致组织陷入被动甚至破产的窘境。管理者的正确决策建立在大量可靠信息的基础上，明确决策目标，尊重科学化、民主化决策原则，提出各种可行方案，按照决策标准，运用科学方法选择切实可行的决策方案，将其付诸实施，并且动态地对决策方案进行反馈控制。管理者要提高决策能力，必须注意：决策思想正确、决策程序科学、决策方法定量、决策标准恰当。

2. 执行能力

执行力是管理中最大的黑洞，执行是否到位既反映了企业的整体素质，也反映出管理者的角色定位。因为管理者有层级之分，不同层级的任务和职责不同。对于绝大多数中层和基层管理者而言，他们所扮演的角色不仅仅是制定决策和下达命令，更重要的是必须具备执行力。执行力的关键在于通过组织文化影响员工的行为，因此管理者很重要的角色定位就是营造组织执行力文化。管理者如何培养部属的执行力，是组织总体执行力提升的关键。如果员工每天能多花十分钟替企业想想如何改善工作流程，如何将工作做得更好，管理者的策略自然能够彻底地执行。

3. 发掘人才能力

（1）识人能力。科学技术突飞猛进，知识经济迅速发展，人才在经济社会发展中的地位和作用日益突出。"人才资源是第一资源"的科学论断日益深入人心。管理者要想在激烈的竞争中占据优势，就必须是一个善于识才、长于求才的赢家，就必须本着求贤若渴、诚心诚意、唯才是举的态度，千方百计为组织发现和寻求急需的人才。因此，管理者需具备伯乐的慧眼，善于在群马中识别千里马。管理者在识别人才时，需要依据两大准则：品德和独特优势，不能墨守成规，错失良将。

（2）用人能力。管理者使用人才自然是要"量体裁衣"，把适合某种工作的人安排在合适的工作岗位上，扬其长，避其短，使有限的人才资源发挥无限大的作用。用人必须注重打破陈规陋俗，提倡全新的用人理念。主要是做好以下六个方面：① 要按德才兼备原则选人，有德无才不能用，有才缺德更不能用；② 要用人所长，不求全责备，使人尽其才，才尽其用；③ 不搞五湖四海，不拉帮结派，要任人唯贤，不要任人唯亲；④ 要引入竞争机制，使企业各种职务、各个岗位都实行公开竞争，择优选用，做到能者上，庸者下；⑤ 要动态调整，建立合理的能级序列，使每个人的能量和相应的能级对应，能量增大者适时提拔到相应能级，使人的潜能得到最大发掘；⑥ 要进行人才组合，把不同专长、不同风格、不同性格的人才恰当地组合在一起，发挥人才的群体优势。

案例:

某老板的经营心得

有几位老板在一次工商业聚会上一起交流经营心得，其中一位王老板说："我有3位不成才的员工：一个挑三拣四，吹毛求疵；一个杞人忧天，老是害怕工厂出事；一个经常浑水摸鱼，整日闲荡鬼混，这3个令我太头疼了，我正准备找个机会炒掉这3个家伙。"一位姓张的老板听了立马表态："你要是不愿意要他们的话，你就给我吧。"过了一段时间后，王老板和张老板又碰面了，王老板就问起张老板那3个员工的近况，张老板说："那3个人工作干得很好，我正准备给他们加薪呢！"到底是什么原因呢？

原来，张老板将这3个人要过去后，安排喜欢"吹毛求疵"的人负责管理商品质量；喜欢"杞人忧天"的人负责保安系统的管理；喜欢"闲荡"的人负责商品宣传。结果几个月下来几人均取得了令人满意的工作绩效。

由此不难看出，人无完人，管理者用人需结合员工自身优势，使人尽其才，才尽其用，方能"化腐朽为神奇"。

4. 激励能力

管理的本质就是通过影响他人的能力，激发他们为组织提供有益贡献的工作热情，去实现自己为组织制定的目标，由此不难看出，激励能力的大小是检验一名管理者管理水平高低的标准。一名优秀的管理者必定是一个激励高手，他应该通过不断反思，了解影响激励的因素，学会运用各种物质和精神激励方法让员工相信组织的美好前景，选择成为组织的忠实员工。

5. 协调能力

协调的功能是通过正确地处理组织内外各种关系，为组织发展创造良好的内部条件和外部环境，从而促进组织目标实现。组织内外经常因目标不一致而出现矛盾、冲突，这就需要管理者通过协调加以解决。在进行协调时，管理者应沉着冷静，思维敏捷。在不同情境下，管理者可以运用回避、强制解决、妥协、合作等方法去协调尤其是组织内出现的矛盾和冲突。

6. 表达能力

一个善于表达的管理者能把氛围和情绪带动起来。机智幽默、生动风趣的谈吐能使管理者的魅力大增。要提高语言表达能力，要做到以下几点：① 要博学多才、博闻强记，能在恰当的时候说出最精彩的语言，这需要长年累月的学习和积累；② 要有幽默感，幽默能给人愉悦，特别是在比较紧张的情况下，幽默可使人摆脱窘境，缓和气氛；③ 要注意表达的语气、语速、语音、场合和韵律，不能平铺直叙，索然无味，让人感觉在说教，易引起反感；④ 要做到抑扬顿挫，跌宕起伏，字字珠玑，体现出高度的艺术性，让人欣然接受你的观点。

7. 学习能力

现代社会知识更新速度异常迅速，这给管理者提出了严峻的考验。很多管理者走上管理岗位的时候，大多已经离开学校生活很长时间了。原来学校学习的知识已经跟不上当下的工作要求，这就对管理者的学习能力提出了很高的要求。管理者在面对自身知识老化、脱离社会形势时，一定要在思想和行动上重视起来。要坚持学习，不断学习，坚定终身学习的信念，提高自己的学习能力，并带动整个组织进行全员学习，为其成为学习型组织创造良好的氛围。

8. 创新能力

创新是一个民族进步的灵魂，是一个国家兴旺发达的不竭动力，是影响一个组织生死存亡的关键因素。现代竞争如此激烈，只有坚持创新的组织才能生存，才能获得明显的竞争优势，在竞争中脱颖而出，获得发展。但是创新是有风险和成本的，如果没能把握好创新的方向，盲目创新可能得不偿失。作为管理者而言，不能因为创新有风险就畏惧不前，墨守成规。因为风险总是与收益相伴，成功的创新所带来的收益将是无法估量的。所以管理者应该身先士卒，率先开始探索新的管理理念和方法，鼓励员工进行技术和方法的创新，为组织发展开辟道路。创新是一项艰苦卓绝的工作，为此，要坚持创新，必须要求管理者以知识为基础，以信心作后盾，具备坚定的意志，坚强的决心，顽强的毅力，扎实勤奋的努力，勇往直前的魄力和勇气。

🛠 任务实施

实训背景：模拟某公司高管（发布会主要发言人）召开关键事件的新闻发布会。

关键事件：（1）某四星级酒店出现食物中毒事件。

（2）苹果公司召开苹果 6 新品发布会。

实训要求：实行记者随机提问，并分析管理者应变能力。

⊕ 任务反馈

任务三　企业管理知识运用

试一试

A 公司是一家多元化发展的跨国公司，公司业务范围很广，涉及 IT、地产、酒店、旅游、文化传播等多个领域。公司旗下员工共有两万人，分别分布在美国、英国、日本及中国的多个省、市、地区。请你根据 A 公司的情况为它设计和选择合理的组织结构形式。

想一想

自己的未来：如何创业？

经典赏析

创业之疑

小王是北京某大学的学生，父母在老家经营餐饮业。大学毕业后他没有像其他大学生一样去找工作，而是和舍友小张一起积极张罗着，准备合伙在大学附近开一家饭馆。小王不喜欢朝九晚五的上班生活，向往自由，喜欢风险和挑战；烧得一手好菜，有三级厨师证，大学前一有时间就帮父母管店，有一定的餐饮经验。小王性格外向，组织协调能力较强，在学校期间一直担任院学生会主席，且人缘好，与比自己年级高的师兄师姐、比自己低的师弟师妹都有不错的交情。加上一直成绩优异，表现突出，深得学校老师的喜爱。舍友小张是小王大学期间最好的朋友，两人志同道合，在爱好、性格和价值观等方面都有惊人的相似之处。小张来自农村，能吃苦，肯打拼，而且头脑灵活，点子多，在校期间开了一家网店，生意经营得比较红火，有一定积蓄。学校地段不错，位于城市的繁华地段，周围有很多写字楼。但是竞争很激烈，学校附近已经开了川菜馆、湘菜馆、东北菜馆和混合各地菜系的家常菜馆。小王和小张想详细分析考虑后再作决定是否开饭馆，可是他们又不知道应该从哪儿开始分析，具体分析哪些内容。

评一评

1. 小王他们应该在开饭馆之前做哪些分析？
2. 他们如果开饭馆，应该选择什么样的管理结构？

相关知识

一、什么是企业管理

（一）企业管理的含义

企业管理是指企业的管理人员及机构对企业的经济活动过程进行计划、组织、指挥、协调和控制，以提高企业经济效益，实现盈利这一目的的活动的总称。企业管理的核心是人，核心理念是"成成精神"——成人成己。企业成就员工的梦想，自然而然企业也会获得成功。

企业管理的演变是指企业在发展过程中的管理方法和手段的变化必经的过程，通常演变由三个阶段构成：经验管理阶段、科学管理阶段、文化管理阶段。

经验管理阶段：企业规模比较小，员工在企业管理者的视野监视之内，所以企业管理靠人治就能够实现。在经验管理阶段，对员工的管理前提是经济人假设，认为人性本恶，天生懒惰，不喜欢承担责任，被动，所以有这种看法的管理者采用的激励方式是以外激为主，激励方式是胡萝卜加大棒，对员工的控制也是外部控制，主要是控制人的行为。

科学管理阶段：企业规模比较大，靠人治则鞭长莫及，所以要把人治变为法治，但是对人性的认识还是以经济人假设为前提，靠规章制度来管理企业。其对员工的激励和控制还是外部的，通过惩罚与奖励来督促员工工作，员工因为期望得到奖赏或害怕惩罚而工作，员工按企业的规章制度去行事，在管理者的指挥下行动，管理的内容是管理员工的行为。

文化管理阶段：企业的边界模糊，管理的前提是社会人假设，认为人性本善，人是有感情的，喜欢接受挑战，愿意发挥主观能动性，积极向上。这时企业要建立以人为本的文化，通过人本管理来实现企业的目标。文化管理阶段并不是没有经验管理和科学管理，科学管理是实现文化管理的基础，经验仍然是必要的，文化如同软件，制度如同硬件，二者是互补的。只是由于到了知识经济时期，人更加重视实现个人价值的实现，所以，对人性的尊重显得尤为重要，因此企业管理要以人为本。

（二）企业管理的任务

企业管理的任务就是企业通过各种管理手段和方法，利用内外部资源来实现自身盈利目标和社会责任目标。要实现企业的盈利目标和社会责任目标，企业需要通过四种管理活动来实现。

1. 经营管理活动

企业的经营活动是企业实现利润和社会责任的直接途径。企业通过制定正确的战略，合理配置人力资源和财务资源，进行产品和服务的市场营销的过程需要依靠战略管理、市场营销管理、人力资源管理和财务管理来实现。

2. 生产管理活动

企业的生产活动是企业运用现代生产技术和全面质量管理的理念进行产品的生产运作设计、组织，将生产出来的产品配送到市场中的过程。这个过程需要依靠企业生产过程管理、物流管理和质量管理来实现。

3. 资产管理活动

企业的资产管理是企业对流动资产、固定资产和无形资产进行管理的过程。流动资产包括对货币资金、应收账款、预付账款、短期投资和存货等的管理；固定资产包括房产、机器、设备等的盘点、评估和折旧；无形资产主要包括品牌和技术的管理。

4. 信息管理活动

现代社会是信息社会，信息无处不在。俗话说"得信息者得天下"，信息管理需要建立完善的信息系统，包括企业资源计划、供应链管理、客户关系管理和企业电子商务管理等。

二、企业管理必须考虑和分析哪些环境

企业是社会经济的一个基本单位，它不可能脱离社会环境而独立存在。在企业管理中，管理者在制定决策时，一定要考虑到企业所面临的宏观环境和微观环境，分析出企业究竟面临什么样的宏微观环境，才能使企业的决策有理有据，符合客观现实。

案例：

在伊梅资源有限公司最新出版的《2010年外商企业名录》中记载了25.2万家在中国内地的外商投资（三资）企业。且趋势证明，有越来越多的境外资金看好中国内地市场，准备入境进行投资，而且目前在中国境内的外资企业大多集聚在北京、长三角和珠三角等地。

小组讨论：

1. 为什么越来越多的境外企业资金会选择在中国投资或者进行生产？

2. 为什么外资企业会大多集聚在北京、长三角和珠三角等地而很少选择在西北、西南等地区投资设厂？

（一）分析企业的宏观环境

企业面临的宏观环境因素包括六个方面：人口、经济、技术、政治、法律和社会文化因素。与微观环境相比较而言，宏观环境对企业的作用是间接的，影响范围也更广泛。企业和它们的供应商、竞争者、客户或其他相关利益群体，都处在一个相同的宏观环境中运作，争取机会，应对挑战。

1. 人口环境

人口环境是构成市场的第一要素，企业的最终利润要靠市场来实现。人口环境影响企业管理主要是影响企业的营销管理。所以任何一个企业在管理过程中都需要异常关注人口尤其是消费者人口的特点。人口的多寡、性别、出生率、死亡率、年龄结构、家庭人数和特征，人口的地理分布等都将影响企业的管理决定。

（1）人口规模。人口规模是指一个国家或地区的总人口数量。人口规模是衡量市场潜在容量的重要因素。如果收入水平不变，人口越多的话，则人们对食物、衣着、生活日用品的需要量也就越多，那么市场就越大，企业的潜在利润就可能越多。因此，人口规模是一个企业决定是否进入某个地区的重要依据。

（2）人口结构。人口结构主要包括人口的年龄结构、性别结构、家庭结构、社会结构和民族结构。

① 年龄结构。年龄结构指的是年龄的分布情况。不同年龄结构的地区，对企业所生产的商品和服务有不同的要求。人口年龄结构变化的趋势是，许多国家人口老龄化加速、出生率下降引起产品的市场需求急剧变化。目前全球很多国家和地区已进入或即将进入老龄化社会。老龄化社会对保健用品、营养品等养老产品需求旺盛，为很多企业提供了商机。

📺 知识拓展

现在国际上通用的标准是以65岁以上老年人口占总人口比重7%或60岁以上人口占总人口比重10%，作为进入老龄化社会的标准。如果65岁以上人口所占比重达到15%以上，则为"超老龄型"社会。

截至2009年10月，中国60岁以上的老年人已经达到1.69亿，已占总人口的12%，可见我国已经属于老龄化社会。这么庞大的老年人群体足以撬动1万亿元规模的养老产业，但我国养老产业尚处于"沉睡"阶段。

② 性别结构。性别结构会影响企业的市场营销。因为性别的差异会带来消费的差

异，不同性别的消费者在购买习惯和购买行为上截然不同，反映到企业产品上就会出现男士用品和女士用品。

③ 家庭结构。家庭是企业提供产品和服务除个人之外的最基本的单位。很多消费者在进行购买时，会受到家庭成员数量、组成结构及购习习惯的影响。例如随着老龄化社会的到来，传统的家庭结构逐步过渡到"4—2—1"型（一对夫妇需要赡养4个老人和抚养1个小孩），会增加对儿童用品、教育用品和养老用品的需求，企业应该注意到这个趋势。

④ 社会结构。人是社会中的群居动物，表现出共同的社会性。例如利他性、服从性、依赖性，以及更加高级的自觉性等。作为企业来讲，应该关注消费者所在的社会阶级和阶层。不同社会阶级和阶层的消费者会表现出不同的购买行为。

⑤ 民族结构。民族不同，其生活习性、文化传统也不相同。因此，企业的管理者在进行企业环境分析时，切不可忽视对民族结构的分析。

（3）人口的地理分布。地理分布是指人口在不同地区的密集程度。我国人口地理分布呈现不均匀现象，主要表现在东部多，西部少；平原、盆地多，山地、高原少；工农业集中地区多，林牧业地区少；温湿地区多，干旱地区少；开发成熟的地区多，开发晚的地区少等。

（4）人口的流动。人口的流动呈现出国际流动、地区流动及城市间流动以外，近年来发达国家呈现出城市人口向农村流动，而发展中国家农村人口向城市流动。我国近年的人口流动总趋势是农村人口向城市流动，而大城市人口流动的趋势是中心向郊区流动。以北京为例，中心城区人口逐渐向郊区县流动，郊区新城逐渐发展起来，开始成为副都心。这对于地处郊区的企业来讲，无疑是一个好消息。随着人流逐渐聚集郊区，郊区企业在地理位置上的优势会更容易发挥出来，这对吸引优秀人才和开拓市场是非常有利的。

💻 知识拓展

副都心，是一个城市建筑规划学上的概念，就是指现代特大城市为了疏散城市中心区的功能和巨大的人流、物流的压力，在城市边缘地区建设的另外的中心区。

北京在未来几年内，将着力打造大兴、亦庄、通州、昌平、房山等副都心。

2. 经济环境

企业所面临的经济环境，是指企业在生产经营管理的过程中所面临的各种经济条件、经济特征和经济联系等。主要包括经济增长及其周期性、通货膨胀与就业、资本市场和货币市场、税收环境等方面。

（1）经济增长及其周期性。经济增长是指一定时期内经济社会所生产的人均产量和人均收入的持续增长。通常用一定时期内实际国内生产总值（GDP）平均增长率来衡量。当一个国家处于经济起飞或高速增长阶段时，都会不同程度地刺激市场需求，给企业发展带来机遇。经济增长方式反映了经济增长的特征和质量，最主要分为粗放型和集约型。我国目前的经济增长方式开始由粗放型转为集约型，从"数量"向"质量"转变，来提高企业运营的效率，也给企业发展带来了挑战。经济增长受多种因素的影响和制约，任何国家的经济增长都呈现不同程度的周期性。企业应该研究并把握经济周期波动的规律，制定反周期战略，避免由于宏观经济周期所带来的损失。

（2）通货膨胀与就业。当某个国家或地区在经济高速增长或是大的结构性变动时，会伴随着高通货膨胀的出现。通货膨胀是指在纸币流通制度下，物价水平在整个社会普遍而持续地上升，简单点说就是物价总水平上涨或者是货币贬值。通货膨胀会给企业带来严重的不利影响。首先，由于物价上涨，导致企业在生产产品的过程中外购原材料价格上涨，产品生产成本中的原材料费也就上升；生产工人增加工资、加发奖金、消费基金过快增长，导致产品成本中的人工费增加；由于燃料、电力价格上涨，导致燃料动力费迅速增加；物价上涨也引起了包括生产车间发生的制造费用在内的各项管理费的增加。所有这些费用的增加就会导致产品成本的全面提高。其次，由于物价上涨，需求过旺，政府一般会通过紧缩银根来缩小信贷规模，削弱社会总需求，这对企业尤其是中小企业的融资来讲是一个沉重打击，会加重企业的融资成本。

对企业来说，成本增加应该依靠提高产品或服务价格来实现，但是现实中同行业的竞争激烈又不允许企业提价，就会导致企业经济性裁员，整个社会失业率增加。而社会就业率的降低会影响社会局面的稳定和消费者的消费信心，进而影响企业产品和服务的销路。

（3）资本市场和货币市场。企业在日常运营或发展壮大的过程中，单独依靠自有资金进行资金周转是不现实的，也是不科学的。所以，企业要科学地进行资本运营，必须要借助资本市场和货币市场的力量。当企业在运营过程中需要资金时，可以根据当下对资金的需求量、需求时间及筹措成本的不同，借助货币市场或资本市场的力量来完成融资目标。当企业有充裕的资金而不需要扩大规模时，也可以选择资本市场或货币市场进行投资，提高资金利用率。资本和货币市场的建立和发展，对优化资源配置、搞活企业资金融通、提高资金使用效率、筹措建设资金和建立现代企业制度，具有重要的意义。但是企业要利用资本市场和货币市场，必须熟悉相应的法律法规。

货币市场是经营一年以内短期资金融通的金融市场，包括同业拆借市场、票据贴现市场、回购市场和短期信贷市场等。资本市场是指证券融资和经营一年以上中长期资金借贷的金融市场，包括股票市场、债券市场、基金市场和中长期信贷市场等。

（4）税收环境。税收是国家依照法律规定的标准，强制性、无偿性地向经济单位和个人征收实物或货币而取得财政收入的一种经济活动。目前我国实行的是货币税额。对企业而言，依法纳税是企业应尽的义务和职责，企业应该根据国家规定足额纳税，切不可偷税漏税。根据企业性质的不同，企业缴纳的税收种类也会有所不同，对于绝大多数企业来讲，主要需要缴纳的税种是增值税、营业税和企业所得税。

知识拓展

企业主要缴纳三种税：

1. 增值税

增值税是以应税商品和劳务的增值额为征税对象的一种税。

（1）纳税主体是在中国境内销售货物或提供加工、修理、修配劳务及进口货物的单位和个人。

（2）征税对象是取得商品的生产、批发、零售和进口收入的增值额。

（3）增值税税率：基本税率17%；优惠税率13%；零税率；征收率：小规模纳税人适用6%的征收率，小规模商业企业适用4%的征收率。

（4）申报单位：国税局。

2. 营业税

营业税是对在我国境内提供劳务、转让无形资产或者销售不动产的单位和个人就其营业收入额征收的一种税。

（1）纳税主体是在中国境内从事交通运输、金融保险、邮电通信、建筑安装、文化娱乐及转让无形资产或者销售不动产的单位和个人。

（2）税率。

① 3%的税率：适合交通运输、邮电通信、建筑安装、文化体育业。

② 5%的税率：适合金融保险业、服务业、转让无形资产或者销售不动产。

③ 5% ~20%的税率：娱乐业。

（3）申报单位：地税局。

3. 企业所得税

企业所得税是指以企业的生产、经营所得和其他所得税为征税对象的税。

（1）纳税主体：居民企业、非居民企业和其他取得收入的组织。但个人独资企业和合伙企业不列入企业所得税的纳税主体范围。

（2）纳税对象：企业的生产经营所得、其他所得和清算所得。

（3）税率。

① 一般适用：25%。

② 小型微利企业：20%。

③ 高新技术企业：15%。

（4）申报单位：国税局或地税局。

3. 技术环境

技术是指管理者设计、制造、销售产品和服务时，所使用的知识、技能和设备的总和。技术环境是指一个企业所在国家或地区的技术水平、技术政策、新产品的开发能力及技术的发展动向，等等。科技发展水平通常反映在科技发展现状、科技发展结构、科技人员的素质和数量、科学技术的普及程度，现有工业技术基础的水平，产业结构的现代化水平，以及与企业经营相关的原材料、制造工艺、能源、技术装备等科学技术发展动向等多方面。技术政策为技术革新和传播提供了政策保障，指引着技术发展的方向。技术密集型企业对技术政策的依赖程度尤其高，所以必须关注技术政策。

科学技术是第一生产力，一个国家或地区经济的发展与新技术的发明和应用的数量与质量密切相关。所有的企业尤其是技术密集型企业，必须高度重视科学技术对企业的影响力，鼓励技术创新，以保持竞争优势。

衡量企业所面临的技术环境主要可以依靠以下几个指标：整个国家或地区的研发费用、企业所在行业的研究开发支出、技术力量的集中程度、专利产权数量及质量和新产品开发的情况等。

对于高新技术企业来讲，必须以良好的技术环境为依托，不断提高自身的技术创新能力，适当地增强产品的科技含量，保持产品在市场中的竞争力。

4. 政治环境

企业经营的政治环境主要是指一国的政治体制和政治格局，具体表现为政治体制、政治稳定性和政治风险。

（1）政治体制。政治体制是指企业所在国家的国体和政权的组织形式及相关制度，如国家的政治和行政管理体制、经济管理体制、政府部门结构及选举制度、公民行使政治权利的制度等。不同国家的政治体制常常导致政府政策、法规、行政效率等方面的差异，从而对直接投资形成有利或不利的影响。

（2）政局稳定性和政治风险。政局稳定性是指国家政局的稳定性及社会的安定状况。如国家领导人的更换、政府的更迭可能导致国家政体的变化及政治主张的改变；再如战争、政变、社会内乱，以及某些国家的种族、宗教冲突等，都将导致政局动荡不安，这将会对企业的经营带来灾难性的影响。

从企业的角度来看，国家政局的变动和领导人的更迭对企业的投资与经营如果没有产生直接的影响，那么这种政局变动并不能视为政治风险；如果政局变动致使政府的经济政策发生了一定程度的变化，那么，这种政局变动就是政治风险。企业尤其是跨国企业在准备进入海外市场时，一定要慎重考虑东道国的政治环境。

5. 法律环境

现代社会是法治社会，企业必须了解自身所处的法律环境。对于从事跨国经营的企业来讲，必须对东道国的法律制度和有关的国际法规、国际惯例和准则进行深入了解。因为研究并熟悉法律环境，既保证自身严格依法进行经营和管理，也可以运用法律手段维护自身的权益。企业及其管理人员应该熟悉《产品质量法》《劳动法》《工业产权法》《消费者权益保护法》《反不正当竞争法》《反垄断法》《破产法》《价格法》和《合同法》等各种与企业经营管理息息相关的法律法规。

案例：

色彩中的风土人情

20世纪90年代，我国南方的一些电视机厂纷纷向泰国出口家用电视机，但是并没有出现预期的购买热潮，电视机摆在那里无人问津。很多厂商纷纷撤回国内市场，但于利勤和他的公司不甘心，决定坚持在泰国市场找发展机会。

当时我国生产的电视机都是根据我国人民的喜好，即使是专供出口的家用电视机也喜欢用红色，以增加喜庆气氛。在当地一番调查后于利勤发现，原来当地居民认为：只有消防车才用红色，给人以警惕感。而且泰国人认为，红色象征着血，红色电视机给人血淋淋的感觉，令人望而生畏。再加上在烈日炎炎的夏天，电视机摆在家里就像一团熊熊火焰，使人更觉得酷热而烦躁。电视机的销售额当然上不去。

于是，于利勤马上把电视机改用银灰色，可还是打不开市场。这时，有人劝于利勤不要再固执了，在损失更多以前，还是赶快离开泰国市场吧。但是于利勤依然相信电视机在泰国还是有市场的，于是坚持再尝试一下。于利勤继续寻找原因，发现泰国人崇尚佛教，死人时常焚烧锡箔纸以超度亡灵。他们认为银灰色像锡箔纸，这种颜色的电视机放在家中会招来灾难和鬼魂，不吉利。

那么，究竟什么颜色适合泰国人的口味呢？为此，于利勤一方面组织美术设计人员去泰国逛公园，想从大自然中寻找答案；另一方面派人与泰国的一家咨询公司联系，组织人员搞民俗调查，发现泰国人喜爱蓝色。于是，于利勤投其所好，将电视机颜色从深蓝色改为孔雀蓝，最终赢得泰国人的喜爱，这种电视机在泰国畅销。

小组讨论：

请结合上述案例说明企业在经营管理中一定要考虑什么因素？为什么？

6. 社会文化环境

社会文化环境是指一个国家或地区的社会结构、民族特征、文化传统、价值观念、宗教信仰、教育水平、风俗习惯、伦理道德、语言文字等的总和。不同的国家和地区的社会文化有着显著的差异，社会文化对企业管理的影响是多方面的。

（1）社会结构。社会结构是指一个国家或地区社会整体的构成要素及它们之间相对稳定的关系。不同的社会结构有不同的社会阶层。越是传统的社会，社会阶层分化就越为复杂。社会阶层划分的参考因素包括收入水平、职业、接受教育的程度、居住的区位或社区、家庭背景及其传统、年龄与籍贯等。如西方社会普遍根据职业的特点将从业人员划分为"白领工人"和"蓝领工人"。在现代中国社会，"中高收入阶层"和"工薪阶层"越来越为企业界所接受，并具体应用于产品的开发、市场定位与营销。

（2）民族特征。民族特征是指特定的民族所具有的一系列价值观和行为方式。

（3）文化传统。广义的文化是指人类所创造的物质财富和精神财富的总和。它包括语言文字、心理状态、思维方式、审美情趣、道德情操、宗教情绪、民族精神等。

（4）价值观念。价值观念就是人们对社会生活中各种事物和态度的看法。在不同的文化背景下，人们的价值观念相差很大，人们对事物的看法受价值观念的影响。

（5）宗教信仰。人们日常生活和经营活动的许多传统和习惯源于宗教的节日、戒律，宗教对人们的生活和经济活动具有很大的影响。在各类宗教中，佛教和印度教主张禁欲和对物质财富的追求，宣扬克制欲望以换取灵魂的安宁；西方新教（基督教）则认为财富的集聚是上帝的恩赐，同时又提倡勤俭节约的清教徒的生活。在中国，由于儒家文化思想和佛教的影响，人们对"名分""积蓄""洁身自好"等看得高于"利益""消费""适者生存"等。尽管我们没有形成真正意义上的宗教，但是固有的儒家传统对中华民族的影响却是根深蒂固的。

（6）教育水平。教育不仅仅是传授知识，而且对技术创新、社会发展和全民族素质的提高具有至关重要的作用。在一个社会里，教育的发达程度通常体现在高等教育水平和全社会接受教育水平方面。教育越是发达，其民族的创新能力就越强，对新观念、新事物就越敏感。教育不仅是经济发展和社会进步的基础，而且其本身也是一个巨大的经济产业，具有巨大的经济潜力。

（7）风俗习惯。风俗习惯是人们在长期的经济生活和社会活动中所形成的一种习俗，包括饮食、服饰、居住、婚丧、节日、人情往来等方面所表现出来的独特的心理特征和行为方式。

（二）分析企业的微观环境

除了宏观环境对企业的管理活动产生影响外，微观环境同样对企业的管理活动产生极其重要的影响，它是直接制约和影响企业管理活动的因素。主要包括企业内部环境、渠道环境、顾客环境、竞争环境和公众环境。企业必须对微观环境进行分析。

1. 企业内部环境

企业开展管理活动必须充分考虑企业内部的环境力量，结合企业的目标，合理配置企业的资源。企业的内部环境力量包括企业股东会、董事会、监事会、财务部门、研发部门、采购部门、生产部门、营销部门、人力部门、行政部门等。企业的管理者在制定决策和计划时，必须考虑到协调各部门之间的关系，因为各部门之间既有多方面的合作和联系，又存在争取资源方面的矛盾。而企业的目标要靠各部门相互协作，最大程度发挥各自的职能，才能实现既定目标。现代企业管理没有协调就难以避免内部之间的摩擦与消耗，因此，管理者加强部门间的管理，协调好相互之间的利益关系，营造和谐的工作氛围，使之形成有凝聚力的组织，是保证企业目标实现的关键。

2. 企业渠道环境

企业的渠道环境主要包括企业的供应商、中间商和辅助商。

（1）供应商。企业的供应商是指为企业生产产品和服务提供所需资源的企业和个人。供应商提供的资源主要包括原材料、设备、能源、劳务、资金等。原材料、零部件、能源及机器设备等货源的保障，是企业运营活动顺利进行的前提。

供应商对企业的影响主要表现在原材料或零部件供应的及时性、稳定性，供货质量、供货价格的合理性等方面。及时、稳定的原材料供应可以保证企业生产正常运行，供货质量和价格的合理性能够保证产品质量的稳定性和成本的可控性，最终才能够保证利润的可预期性。企业必须和供应商保持良好的合作关系，密切注意原材料与零部件市场上的状况和价格变化趋势，分析供应商的状况和可能发生的变化，做好积极应对措施。

（2）中间商。中间商是把产品和服务从生产领域流向顾客的中间环节和渠道。主要包括批发商和零售商。企业要选择合格的中间商，在共赢的基础上建立良好的合作关系，随时掌握其经营活动，并采取相应的激励措施来调动中间商的积极性。一旦中间商不能履行职责或环境有变时，企业可以中止与他们之间的合作关系。

（3）辅助商。企业的辅助商是指帮助企业完成运营活动的其他服务机构、物资分销机构和金融机构等。这些机构在广告宣传、市场调研、咨询、运输、物资存储、融资和保险等方面为企业提供服务。当企业在某一方面实力比较薄弱或者是无暇顾及时，可以选择辅助商。辅助商是企业剥离弱势业务、打造核心竞争力的有力保障。

3. 企业顾客环境

企业产品和服务是否符合市场的需求，最后都要通过顾客来检验。因此，顾客是影响企业盈利的直接因素。只有企业的产品和服务满足顾客的需求，获得顾客的认可，企业的利润目标才能实现，因此现代管理都把满足顾客目标作为企业管理的核心。这要求企业熟悉自己的目标顾客，透彻分析他们的职业、年龄、收入、家庭及文化教育背景，以及购买习惯和特点，提供符合顾客需求的产品和服务，提高顾客满意度，培养更多的忠实顾客，促进企业的长远发展。

小组讨论：

自行车生产厂、摩托车生产厂、电动车生产厂和汽车生产厂之间构成竞争关系吗？为什么？

4. 竞争环境

现代社会是一个竞争的社会，绝大多数的企业都处在激烈的竞争环境中。企业的竞争环境是由同企业生产或出售相同或相似产品和服务的竞争者构成。企业决不能把竞争者狭义化，即使在某个市场上只有一个企业在提供某种产品和服务，也不能说明该企业在这个市场上没有竞争者了。因为企业的竞争者有多种类型的，具体包括以下四种。

（1）愿望竞争者。愿望竞争者是指提供不同产品以满足不同需要的竞争者。例如某位消费者在过年时想花一万元犒劳自己一年的辛苦工作。他所面临选择的商品可能有：一台心仪已久的摄像机、一辆中意许久的赛车、一次梦寐以求的出国游，等等。这时，摄像机经营企业、赛车经营企业、旅行社之间就存在着竞争关系，就成为愿望竞争者。

（2）属类普通竞争者。属类竞争者又被称为普通竞争者，是指提供不同产品以满足同一需要的竞争者。例如冬天到了，某位消费者想选择一种适合自己的锻炼方式，增强免疫力。他选择的锻炼方式是：瑜伽、网球和游泳。这时，瑜伽中心、网球俱乐部和游泳馆就成了属类竞争者。

（3）形式竞争者。形式竞争者是为满足同一需要提供同类别但不同形式产品的竞争者。不同形式主要指产品的规格、型号、款式等方面存在差异。例如两家汽车生产企业，一家是生产大客车的，一家是生产微型家用汽车的。这时，这两家企业就构成了形式竞争者。

（4）品牌竞争者。品牌竞争者是指满足同一需要的同种形式产品不同品牌之间的竞争。例如，消费者想买一台32英寸国产液晶电视机，这时候他可以选择海尔、长虹、TCL等品牌。这时，海尔、长虹、TCL这三家企业就构成了品牌竞争者。

对企业来讲，必须熟悉自己所处的竞争环境，分析竞争企业的范围、企业的主要竞争对手、主要竞争对手的产品特征、主要竞争对手的营销策略等，有针对性地制定营销战略，知己知彼，方能百战百胜。

5. 公众环境

公众环境是指对企业完成其目标能力有着实际或潜在兴趣或影响的群体环境。企业是一个社会组织，要想获得长远发展，必须树立良好的企业形象，与社会公众之间保持良好的关系。企业的公众一般包括政府公众、金融公众、媒体公众、群众团体、社区公众、企业内部公众等。不同类别的公众分别在企业经营过程中不同方面产生影响。例如，包括报纸、杂志、电台、电视台、网络等在内的媒体公众是舆论的导向。如果企业不重视与他们之间保持良好的关系，在经营过程中发生的过失就有可能被渲染成故意，会严重影响企业的声誉。只要企业在公众心目当中留下不好的印象，短期内是很难消除的，必将给企业的经营活动带来沉重打击，导致企业遭受巨大损失。所以任何一个企业都不能忽视公众环境，必须正确地处理好与不同公众之间的关系。

三、企业适合什么样的组织结构

（一）组织结构的含义

组织结构是管理者有效实现计划、组织、指挥、协调和控制职能所建立的一种组织体系。通过这个体系，管理者对组织的资源进行合理配置，顺利完成企业目标。

（二）组织结构的类型

1. 直线制

直线制是组织发展初期的一种结构形式。这种组织结构至今仍被广泛采用，以生产企业为例，我们来看直线制的构成。如图 1-1 所示。

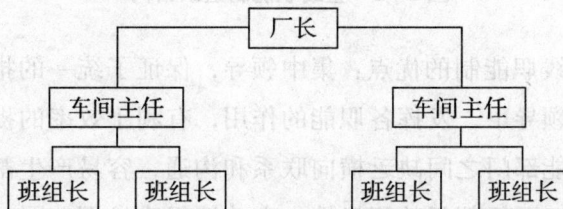

图 1-1 直线制组织结构

直线制组织结构的基本特点是：组织中各种职位均按垂直系统直线排列，下级从上级那里直接接受命令，上级对下级进行综合管理，因而机构简单、权力集中、命令统一、决策迅速。在组织中，上下级和同级之间相互关系很明确，职权从下到上逐级提高，各级组织的数目由下到上逐渐减少。这种组织结构实行的是没有职能机构的个人（或自我）管理，它要求各级主管人员必须具有多方面的管理知识和技能。由于各项业务工作都由主管人员亲自处理，因此也容易使他们陷入烦琐的日常行政事务中，而无暇思考企业发展等战略性问题。

由于这种组织结构具有指挥灵、职责明、效率高等优点，因此这种组织形式适合规模较小、职工人数不多、产品比较单一、生产比较简单的企业。

2. 直线职能制

直线职能制又称直线参谋制，是在直线制基础上，为适应现代化工业生产的要求而发展起来的，是当前企业最常用的一种组织结构。在这种组织结构里，企业的职能被划分为两个层面，即直线职能和参谋职能。直线职能是指对企业经营任务完成和目标实现负有直接责任的各项职能，如子公司、生产车间、业务部门等。参谋职能是指为了保证作业职能的良性运转所提供的各项支持、咨询和服务等，它们一般不直接从事生产经营活动，如企业的人力资源部门、财务和后勤部门等。直线职能制如图 1-2 所示。

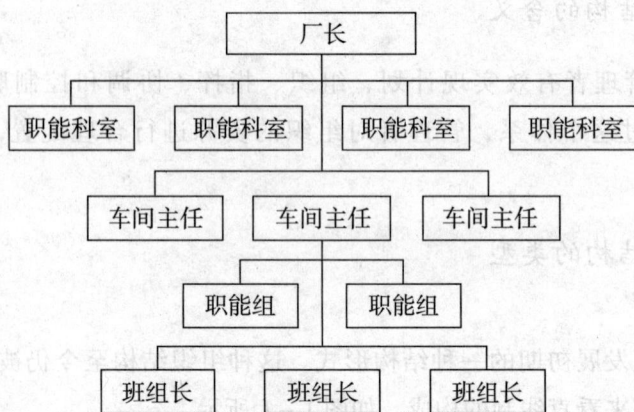

图 1-2　直线职能制组织结构

由上不难看出直线职能制的优点：集中领导，保证了统一的指挥；各部门和分支机构在部门负责人的领导下，发挥各职能的作用，有利于效率的提高。直线职能制的缺点也很明显：各职能部门之间缺乏横向联系和沟通，容易产生割裂和矛盾；由于管理权集中在企业高层，下级部门的积极性、主动性很难发挥；同时由于这种机构较为僵化，因此不利于培养全面的业务和管理人才。

鉴于上述情况，可以看出直线职能制结构比较适用于企业规模不太大、产品种类较少、生产工艺较单一、市场销售情况比较容易掌握的企业。

3. 事业部制

事业部制是在多个领域或从事多元化经营的大型企业普遍采用的一种组织形式，由美国通用汽车公司创立。它是一种高度集权下的分权管理体制，遵循"集中决策，分散经营"的原则，以产品、地区、顾客等为标志将企业划分为相对独立的经营单位，分别组成事业部。各部门都是一个独立的利润中心，独立核算、自负盈亏，专门负责企业某个产品、产品系列或某个地区的产品设计、生产制造、研制开发、产品推广、营销与售后服务等全部经营活动。

事业部制组织结构形式比较多，尤其在跨国企业中出现了许多变型。这里只介绍产品事业部制结构和地区事业部制结构。

（1）产品事业部制结构。产品事业部制结构适合于产品种类繁多的企业。不同产品需要不同的生产技术；不同产品的最终用户市场有很大差异，营销手段和分销渠道不能共用；将产品的生产、营销和研究结合起来十分必要。

产品事业部制组织结构如图1-3所示。

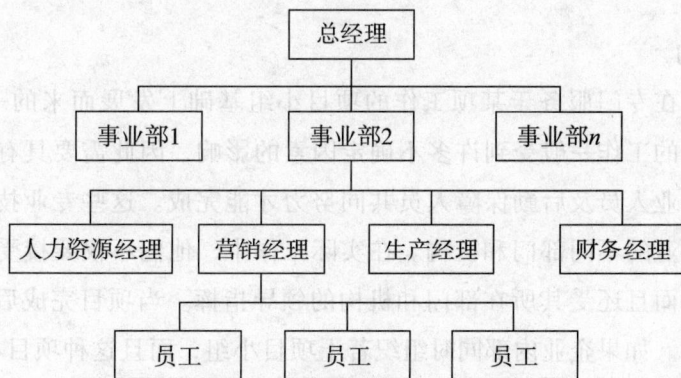

图1-3　产品事业部制组织结构

（2）地区事业部制结构。地区事业部制结构适合于产品种类相对较少、业务地理分布较广的公司。这种组织形式是以地区为中心的。地区的划分视企业经营情况的不同而不同，有的是按公司的生产机构的所在地来划分，有的是以顾客的地理分布来划分。地区事业部的管理者负责企业某一特定地区的经营活动，总部负责所有地区经营的计划与控制。

事业部制有利于公司最高领导层集中力量搞好经营决策，集中力量思考全局问题；各事业部实行独立核算，更有利于发挥经营管理的积极性，更便于组织专业化生产。但是事业部制也不是十全十美的，各事业部职能机构重叠，造成机构臃肿；各事业部实行独立核算，如果只是考虑自身利益，容易造成沟通和协作困难，不利于企业整体目标的实现。

案例：

某民营企业的变化

某民营企业是由几十名员工的小作坊式机电企业发展起来的，目前已拥有 3000 多名员工，年销售额达几千万元，其组织结构属于比较典型的直线制形式。随着技术更新和竞争的加剧，高层领导者开始意识到，企业必须向产品多元化方向发展。其中一个重要的决策是转产，生产工艺较为接近、市场前景较好的电子产品。恰逢某国有电子设备厂濒临倒闭，并购了该厂，在对其进行技术和设备改造的基础上，组建了电子产品事业部。

小组讨论：

1. 什么是直线制和事业部制？
2. 新的事业部制是否符合该企业发展的形势所需？

4. 矩阵结构

矩阵结构是在专门服务于某项工作的项目小组基础上发展而来的一种组织结构。项目小组所从事的工作一般受到许多不确定因素的影响，因此需要具有不同专业背景的技术人员、专业人员及后勤保障人员共同努力才能完成。这些专业技术人员和服务人员往往来自企业的不同部门和机构。在实际工作中，他们不仅要接受项目小组的技术与业务领导，而且还受其所在部门和机构的领导指挥。当项目完成后，项目成员又回到原职能部门。如果企业内部同时组织若干项目小组，而且这种项目小组长期存在，这就形成了矩阵式组织结构。如图 1-4 所示。

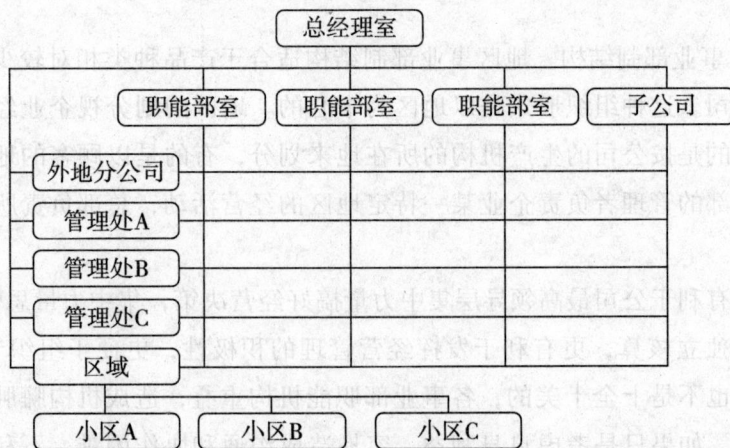

图 1-4　矩阵式组织结构

矩阵结构的主要优点是：灵活性好，适应性强，集思广益，通过加强企业在纵向与横向方面的联系，有利于各职能部门间的协调配合和信息交流，将集权与分权很好地结合起来；可以有效地保证企业专业人员之间在技术与业务等方面的合作支持与优势互补，有利于为企业培养更高水平的技术和管理人才；通过项目开发与研究，可以加快企业新产品开发的步伐，提高其整体素质和水平。

矩阵结构的主要缺点是：成员不固定，有临时性，责任性不够强，对项目主管提出的要求比较高，造成的难度比较大。同时由于接受多头指挥领导，项目成员容易产生角色冲突，从而产生很大的心理压力，影响工作的正常开展和项目的进程。

5. 委员会结构

委员会也是一种常见的组织形式，通常由各部门各层次代表组成。委员们在委员会中权力地位是平等的，最后以少数服从多数原则通过决策并采取集体行动。这种结构形式的优点是：集思广益、集体决策，避免了个人专断和滥用职权；鼓励参与，便于沟通协调，民主气氛较浓，有利于充分发挥各部门和各级管理者的积极性。其缺点是：决策比较缓慢，尤其在委员素质不太高、缺乏全局观念的情况下往往会陷入久议不决的局面或导致决策水平低下的结果。

6. 虚拟结构

当今，有些企业被称作虚拟企业。这种结构是指企业总部仅保留最关键的职能，如研发和营销等，其他职能通过外包或协作方式借助外部力量完成。虚拟企业能够自由地选择合作伙伴。这种组织弹性对企业的生存与发展很重要，因为它是企业适应变化环境的能力的体现。特别值得指出的是，虚拟企业能够在全球范围内吸纳最优秀的人才、资源和知识，从而获得强大的可持续发展潜力。任何一个企业都不可能在任何知识技术方面有绝对优势，虚拟企业的运作模式在当今快速多变的市场与技术环境中是获取竞争优势以提高竞争力的一种很有前途的合作方式，它正在被越来越多的企业所认识和采纳。一个极端的虚拟组织结构如图 1 - 5 所示。

因此，对一个企业管理者来讲，选择适合企业的组织结构非常重要。管理者应根据企业的规模、产品复杂程度、各部门之间的相关度、企业所处不同发展阶段等因素来选择适合企业的组织结构。

🛠 任务实施

实训背景："企"字由"人"和"止"组成，企业无"人"则"止"。可见："人"是企业的第一要素。研究"企"字的组成结构，分析企业"以人为本"的真理。

实训要求：分析原因，要求小组用 PPT 展示结果。

图 1-5 虚拟组织结构

⊕ 任务反馈

_____

_____

_____

项目小结

本项目以日常生活中我们对企业和公司关系的认识问题引入企业的含义与特征，并自然过渡到企业的分类。企业分类中，用得最多的是根据法律形式来将企业分为公司制企业和非公司制企业。

由此我们发现，公司与企业绝对不能画等号，它们在范畴上不尽相同。企业的范畴大，可以分为公司制企业和非公司制企业，公司只是属于企业的一种形式。

公司制企业和非公司制企业都各有自身的优劣势所在。针对一个具体的企业而言，是采用公司制还是非公司制，需要根据投资人的资金实力和意愿、企业的行业特征、企业的规模大小、融资要求及结合企业长远发展目标等诸多因素综合考虑方能确定。

对于公司制企业与非公司制企业，不能绝对地判断二者孰优孰劣，只能根据具体企业情况判断适合哪种形式。只有选择适合企业发展的形式，才能有利于企业正常经营和发展壮大。

作为管理的主体——管理者，是赋予管理活动生命和灵魂的人。他们的思想和行为决定管理活动的成败得失。一名优秀的管理者应该具备高尚的品德、丰富的知识、健全的心理、强健的体魄，拥有优秀的决策能力、执行能力、人才发掘能力、激励能力、协调能力、表达能力、学习能力和创新能力。

评价一名管理人员管理工作的优劣应该从管理者的素质和能力两大方面综合评价，才能客观公允，不会有失偏颇。

营销谚语

智力比知识重要，素质比智力重要，觉悟比素质重要。

项目二　团队管理

名　言

一致是强有力的，而纷争易于被征服。——伊索

任务一　认识团队

试一试

尝试自己模拟组织一个学习团队。

想一想

你喜欢和什么样的人一起工作，你如何和队友沟通？

经典赏析

大话现代企业管理

西游记中的人物角色：唐僧如企业老板，掌握核心业务——取经；有伟人的心态，以我为主；能控制业务骨干——靠紧箍咒；建立有诱惑力的目标——可以修成正果，成佛；按公论赏；配置精干团队并建立制约机制；心理上不断得到满足。孙悟空是取经团队的业务核心：优秀的经理人，非"狗"非"狼"；性格放荡，用计来收服；趋利避害，解放换责任；直接控制，用紧箍咒；戏弄八戒。猪八戒：新型智者，活跃气氛，润滑管理，保障权利。沙僧：任劳任怨。

评一评

假如你是老总，你会喜欢孙悟空似的工作伙伴，还是猪八戒似的工作伙伴？

一、团队的概念

有一种说法这样讲：欧美人打桥牌，打的是协同配合；日本人下围棋，想的是整体布局；中国人搓麻将，各自为营（顶住上家，卡死下家，看住对家，你就是大赢家）；武汉人斗地主，玩的是钩心斗角。

团队是一种为了实现某种目标而由相互协作的个体组成的工作群体。

二、团队的构成要素

团队有几个重要的构成要素，总结为5P。

（一）目标（Purpose）

团队应该有一个既定的目标，为团队成员导航，知道要向何处去，没有目标这个团队就没有存在的价值。

（二）人（People）

人是构成团队最核心的力量。2个（包含2个）以上的人就可以构成团队。目标是通过人员具体实现的，所以人员的选择是团队中非常重要的一个部分。在一个团队中可能需要有人出主意，有人订计划，有人实施，有人协调不同的人一起去工作，还有人去监督团队工作的进展，评价团队最终的贡献。不同的人通过分工来共同完成团队的目标，在人员选择方面要考虑人员的能力如何，技能是否互补，人员的经验如何。

（三）团队的定位（Place）

团队的定位包含两层意思：① 团队的定位，团队在企业中处于什么位置，由谁选择和决定团队的成员，团队最终应对谁负责，团队采取什么方式激励下属？② 个体的定位，作为成员在团队中扮演什么角色？是订计划还是具体实施或评估？

（四）权限（Power）

团队当中领导人的权利大小跟团队的发展阶段相关，一般来说，团队越成熟，领导者所拥有的权利相应越小，在团队发展的初期阶段领导权是相对比较集中。团队权限关系两个方面。

（1）整个团队在组织中拥有什么样的决定权？如财务决定权、人事决定权、信息决定权。

（2）组织的基本特征。如组织的规模多大，团队的数量是否足够多，组织对于团队的授权有多大，它的业务是什么类型。

（五）计划（Plan）

计划有两个层面含义。

（1）目标最终的实现，需要一系列具体的行动方案，可以把计划理解成目标的具体工作的程序。

（2）提前按计划进行可以保证团队的顺利进度。只有在计划的操作下团队才会一步一步地贴近目标，从而最终实现目标。对于团队来说，每个人都应该认可并尊重的一个重要的原则是："There is no 'I' in a team, but there are 'M' and 'E'."虽然看起来像是语言游戏，可是背后的概念是非常重要的。主语地位的我，要让位于团队的我们，我只是团队中的一员，一部分，作宾语而不是作主语。

小组讨论：

2014 年巴西世界杯，阿根廷是不是一个团队？

三、团队管理技巧

一流企业做标准，二流企业做品牌，三流企业做产品，四流企业出卖劳动力。

一流企业卖标准，二流企业卖技术，三流企业卖服务，四流企业卖产品。

一流企业建文化，二流企业卖服务，三流企业比产品，四流企业拼价格。

一流企业创造需求，二流企业跟踪需求，三流企业满足需求。

一流企业拼团队（精神），二流企业靠人才（能力），三流企业玩老板（钱财）。

一流的企业是员工为老板拼命；二流的企业是员工和老板一起拼命；三流的企业是老板一个人在拼命。

一流企业领导市场，二流企业紧跟市场，三流企业抱怨市场。

一流企业做文化；二流企业做市场；三流企业做产品。

一流企业是用三流的人干二流的事，赚一流的钱；三流企业则是用一流的人干二流的事，赚三流的钱。

我们怎样才能打造成为一流的团队呢？思想家、哲学家不一定是成功的企业家，但是成功的企业家一定要具有思想家、哲学家的洞察力与思维能力。一个企业若能在一个有思想和哲学眼光的企业家的领导下，那这个企业一定是幸运的、富有持久生命力的企业。拥有顶级团队的最佳上司明白"定时报到"的重要性，也知道应该掌握每位团队成员的情况。如果做不到，那么团队就会逐渐产生隔阂。以下十点妙招可以为我们打造一流团队指点迷津。

第一，立即摆脱表现欠佳的人员。如果能马上摆脱不利于团队成长的成员，那么会为自己节省很多时间，也会与其他团队成员的关系更为友好。

第二，让对该职位领域拥有优良态度和优秀技能，以及十分重视细节和后续贯彻工作的人填补空缺职位。许多企业在招聘时，很重视工作态度和技能，但在判断一个人对细节和后续贯彻工作的重视程度方面做得很差。

第三，为团队设定愿景，并设立达成愿景的里程碑。你是团队领导者，这表明，为团队设定目标就是你的职责之一。这个目标不一定得是重大的成功。只要描绘你在未来几周/月/年想要完成的事情即可。里程碑能让你告诉他们自己的想法。

第四，跟进并提醒团队在前往里程碑的路上做得如何。这一条听起来简单，但许多团队领导者会忘记告知团队成员，在完成计划的过程中他们的表现如何。如果通报情况的时间间隔太长，那么人们的注意力就会飘散到其他地方。

第五，同意遵守会议规则。会议应该准时开始和结束。同样，团队成员不能在开会时迟到。这一点不能在团队内部搞差别待遇。就算迟到的是团队里的明星销售人员，他（她）也应该和其他人一样，为自己的迟到负责。

第六，定期与每位团队成员进行面谈，至少每月 1 次，最好每两周 1 次。拥有顶级团队的最佳上司明白"定时报到"的重要性，也知道应该掌握每位团队成员的情况。如果做不到，那么团队就会逐渐产生隔阂。

第七，减少全员会议的次数，更多地与相应的工作人员进行小规模会议。顶尖人才讨厌自己的宝贵时间被无休止的会议所侵占，而且这些会议他们真的没必要参加。如果只和最需要的人开会，会议数量更少，团队也会更快乐。

第八，进行年度绩效评估，并讨论团队成员的发展需求。这是高绩效团队和低绩效团队之间的一个重大区别。是否进行及时的绩效评估是团队绩效的重要预报器。最优秀的团队领导者会为此花时间，团队成员也会重视这件事，并在他们需要进步的领域做得更好。

第九，让团队成员负起责任。如果有人不做好自己的分内工作，那么你就得和他（她）好好谈谈。如果不这么做，其他尽职尽责的团队成员怨恨工作不卖力的人，但更怨恨你。

第十，至少每年衡量一次团队的进步。团队领导者应该养成习惯，每年以一些工具为标准，评估团队的绩效。让团队成员将其自己的评级白纸黑字记录下来，领导者能够通过这些评估其长处和短处，你会发现，这样做更容易就需要改进的地方达成共识。

以销售团队为例，详解团队的管理。销售团队的建设与管理，其重要程度就相当于群龙之首。如果缺乏管理，没有首领人物去制约管理一个团队，这样的团队通常最大的问题就是做事没有工作效率，团队之间不协调不团结，业绩也难以提高。如果一个销售团队管理得好的话，做起事情会事半功倍！

（一）创造良好的销售团队氛围

营销或者销售原本就是一项充满激情的事业，作为一个销售团队怎么可以没有活力热情的氛围，这就需要员工做好以下几件事情。

（1）拥有团队精神。要想调动一个销售团队的氛围，前提就是要有团队精神。那么员工就要以身作则，共同树立坚持不懈的精神，而不是知难而退，让销售团队的成员们意识到团队讲的是协和，困难出现并不是一个人的事，而成功往往是由大家的力量去凝聚的。

（2）互相多沟通。定期与每位销售团队成员进行面谈，至少每月3次，最好每周一次。往往一个优秀的销售团队，就是因为销售团队成员之间沟通能力强，最好是能在开会的时候让团员们提出问题或者建议。需要建立每个成员对团队的归属感，能充分调动他们的主观能动性。管理员也应该掌握每位成员的情况。清楚A团员适合分配什么任务，B团员哪方面比较优秀！

（3）适当的鼓励和批评。鼓励下属的自主思考能力，例如开会的时候，当销售团队成员提出了问题或者建议，应该认真思索，并且适当地鼓励这种想法；相反对于表现欠佳或者不负责任的成员，最好单独对其做思想工作，及时发现团员的问题所在并且指出。

（二）让销售团队有明确共同的目标

设定具有挑战性的销售团队目标，这里说的不是去找对手挑战，因为最大的敌人就是你自己。这里的目标是指建立一个一致的、明确的团队发展目标。

首先，选定市场上的竞争对手产品，经过业务销售团队成员之间多方面研究和比较，找出企业产品的终端客户对象，再结合自身企业产品优势来制定团队销售的最终目标。领导层自己首先要有明确的方向，并能明确地描绘给每一个成员。其次，每个成员要有换位思考的意识，具备一定的大局观，最好让团员们提出问题或者意见。

（三）团队成员要合理地分配

确定详细的工作流程后，接下来就是合理的分工了。当人员分配合理的时候，可以很快充分发挥每一位成员的智慧。前提是要了解每个团员的特点，比如 A 团员做事比较细心，就比较适合细致的工作，或者 B 团员语言能力较强，就适合销售。这样管理销售团队的好处，就是挖掘到每个团员突出的优点，对团员自己本身来说，做自己比较有优势或者喜欢的工作，也会更有激情和自信。然后再适当地培训团员，可以说很快就可以塑造出人才了。

（四）规划好团队考核和总结标准

（1）按时规划。一件事情成败有时取决于计划，作为一个销售团队，一定要重视计划，细节决定成败。开会的时候制定好销售团队的工作目标，以及分配计划好每个团员的任务。你还可以让团员们把工作笔记或者工作内容文档上传，这在考核工作的时候也方便查看。

（2）考核总结。定时查看员工们上交的工作笔记，让他们在计划下面做当天的工作总结，比如计划做什么，完成的情况之类的。这样每次总结的时候，就知道员工们哪方面出现了问题，开会的时候再商量如何更正这些问题。

总之，要想把销售团队管理好，工具、标准制度和人文关怀缺一不可。

任务实施

实训背景：海尔集团公司是不是一个团队？生产车间是不是一个团队？销售部是不是一个团队？

实训要求：分析出原因，要求小组用 PPT 展示结果。

任务反馈

_____

_____

_____

任务二　团队的建设

试一试

分析自己团队的类型。

想一想

打造自己的团队，完善建设？你喜欢和什么样的人一起工作，你如何和队友沟通？

经典赏析

在非洲的草原上如果见到羚羊在奔逃，那一定是狮子来了；如果见到狮子在躲避，那就是象群发怒了；如果见到成百上千的狮子和大象集体逃命的壮观景象，那是什么来了——蚂蚁军团！蚂蚁是何等的渺小微弱，任何人都可以随意处置它，但它的团队，就连兽中之王也要退避三舍。从这个古老的寓言人们可以得到启示：个体弱小，没有关系，与伙伴精诚协作，就能变得强大。

一排篱笆三个桩，一个好汉三个帮！成功20%靠自己，80%靠别人！——成功需要合作！

评一评

假如你是老总，你会如何建设自己的团队？

相关知识

一、团队类型的基本知识

管理大师德鲁克认为，许多管理人员在团队问题上不成功，主要原因是误以为团队只有一种形式。事实上，有三种类型的团队。

第一种类型是棒球型团队。外科手术队伍和福特汽车公司属于这种类型。在这种队伍中，所有队员都在队里发挥作用，但没有作为一支队伍发挥作用。棒球队的每位队员都有固定位置，并且不能离开自己的位置，所以每个人上场击球，完全是孤军作战。同样，在执行胸腔打开手术时，麻醉师不会帮助护士和外科医师，反之也如此。这是中国管理人员所熟悉的类型，也即"一个萝卜一个坑"。事实上，现代大规模生产，即制造和运送产品工作，就是按照该模式组织的。

第二种类型是足球型团队。它也是交响乐队和深夜急救心脏病人小组的组织模型。这种队伍的队员虽然有固定位置，如足球队中的后卫或前锋，但前锋可以回来防守，后卫也可以助攻，这些队员是作为一支队伍在发挥作用，而且每个队员和其他队员起相互配合的作用。

第三种类型是网球双打型团队。小型爵士乐队、大公司的高级管理人员的"总经理办公室"、科研开发小组及创业者团队都属于这种类型。在双打型团队里，队员有他最喜爱的而不是固定的位置，他们相互掩护，随时调整自己以适应其他人的长处与弱点。这种队伍必须很小，7~9人可能是最大限度。

这种团队调整得好，可能是三种团队类型中最能够发挥力量的队伍，它调动了每个队员的长处，并使每个人的弱点减少到最低程度。但是这种队伍需要极大的自我约束力，队员必须经过长时期的共事阶段。

二、团队建设

无论是西方大型企业，还是我国的中小型企业，无一例外都在强调团队意识。但是，能否真正建立起团队精神，却是困惑众多管理者的问题。如何构建一个高效团队，要通过以下五步才能完成。

第一步：合理的数量。也许很多管理者尝试把众多的员工塑造成一个团队，但是，这种尝试无疑都会以失败告终。在目前的经济条件下，不可能建立一个拥有众多员工的高效团队。而团队的合适成员应在30人以下。因而，以项目或者阶段任务来构建团队是最有效的方法。

第二步：能力互补。一个团队，成员之间是紧密合作的关系。与传统组织相比，它不但强调信息共享，也强调集体的效绩。因而，他们之间的技能应该是互补的。在组建团队的过程中，英明的企业管理者就会让团队成员之间的能力互补，年龄和经验互补，甚至性格和行为方式也要互补。

成员关系：决定团队的整体效能发挥优势

取长补短：$1+1>2$

相安无事，彬彬有礼：$1+1=2$

貌合神离，问题成堆：$0<1+1<2$

双方斗气，躺倒不干：$1+1=0$

矛盾激化，互相拆台：$1+1<0$

第三步：责任明确。与传统的组织不同，团队的责任不仅强调个人责任，更强调集体责任。团队有总的责任，也有明确的分工。每一个团队成员并非是简单地做完自己本职的工作，还需要担当对团队成员的责任和集体的责任。如果团队的目标没有达到，每个团队成员所担当的责任基本是相等的。

第四步：目标清晰。团队应该有清晰的目标。这个目标即是团队存在的理由。每个团队成员，都需要对这一团队目标做出承诺。这个目标应该是非常具体的目标。这个目标不但要规定出具体的任务，也需要规定出完成任务的具体时间。它甚至应该深入到团队成员的日常生活之中。

第五步：淡化领导。传统的领导最害怕和谐，也许会在祥和的时候制造矛盾。但是团队的领导却是要建立和谐的成员关系。它更强调指导，而非领导。在团队中，不宜设置一些诸如行政类的管理机构，而应该让最有能力的人担当管理的角色。这个管理者应该对团队建设保持警觉、对外部保持警觉、善于沟通与外部的关系。如果能真正做到这五步，每个管理者都可以构建出高效团队。尤其是在"知识密集型企业"中，构建出这样的团队更是会使企业目标高效完成。

团队建设的一些基本原则如下：

第一，沟通。沟通说起来简单，实践起来困难。好的倾听，是关注对方表达的含义，而不是对方表达的方式，争论的焦点在于观点的内容，而不是对方如何的用词，坚持的原则重在观点的意义，而不是自己的面子，甚至变成教导对方如何使用中文。上帝毕竟给我们每个人一个嘴巴，两个耳朵。

第二，制定游戏规则。团队是集体，当然应该有游戏规则，这可以帮助团队成员很好地界定自己应该如何的表现，团队的利益要高于个体的利益。这点也是很不容易让人接受的一点。所以作为团队的 leader，掌握好团队和个体的平衡，需要的是大智慧。规则制定是为了明确团队中每个成员的角色，每个人都做自己最擅长的工作。

第三，尊重。尊重是一种认可，尊重包括批评和自我批评，但是团队中最容易出现的一个陷阱，却是对领袖的个人崇拜。中国是个喜欢偶像的国度，没有偶像，都要创造出偶像。因为每人的经验和阅历的不同，各自的偶像当然就不一样，于是团队中很容易形成不同的派别和小团体，这不是说不许每个人保持各自的喜好，而是不让自己的感觉蒙蔽你的双眼。尊重和偶像的建立是无缘的，团队需要尊重，不需要偶像。

第四，独立思考和学习。团队提供了很多机会给每个个体，保持独立思考和学习是非常重要的，一个有效的团队，至少包含着这样一个元素：个体和团队共同成长，共同分享。

三、团队游戏训练与管理团队

（一）团队游戏训练

1. 找变化

每队出一个人，交叉结成伙伴。背对背，在各自身上做出一点变化，比如解开一个口子，戴上一个发卡等。然后两人转身，互相找找变化。变化控制在 5 个左右，最快找出变化的为胜者。

道具：各种东西。

2. 怪兽

比如由主持人说你们团队要创造个怪兽，有 11 只脚，6 只手在地上，然后所有人员要配合完成。

道具：无。

3. 蒙眼作画

所有人员蒙住眼睛，在主持人的描述下画一幅画。为什么大家听到的是一样的描述，画出来的东西却不一样呢？

道具：眼罩、纸、笔。

4. 趣味跳绳

两人摇绳，其余队员都要跳绳，依次进入。所有队员都进入后，开始计数，5 分钟左右，看哪队跳得最多。

道具：一条长的跳绳。

5. 联动俯卧撑

时间：10 ~ 20 分钟。人数：15 人左右。概述：这是一个团队游戏，使大家共同参与，创造一个俯卧撑世界纪录。

目的：使整个团队参与到一个互助的游戏中来，锻炼团队配合能力。

道具：一块宽敞的草坪。

步骤：

（1）选 4 位志愿者，保证他们中的每个人至少能做一个俯卧撑，而背部不出毛病。让那些不想参加游戏、不能做俯卧撑的人做监护员。

（2）4 个志愿者做一次集体俯卧撑。为了完成动作，他们必须趴在地上，把双脚放在彼此背上，做俯卧撑。如果他们能按要求正确完成，地上就不会有脚，只有 4 双手。

（3）4 个志愿者成功做完第一个俯卧撑后，其余队员便参与进来。每做完一个集体俯卧撑，增加一个新队员继续进行，并且所有成员都必须趴在地上从头开始。目的在于使尽量多的队员参加完成一个超大俯卧撑。加入俯卧撑的人数最多的队获胜。

6. 人椅

规则：

（1）全体同学围成一圈。

（2）每位同学将双手放在前面一位学员的双肩上。

（3）听从老师的指令，缓缓地坐在身后学员的大腿上。

（4）坐下后，老师再给予指令，让同学叫出相应的口号。例如"齐心协力、勇往直前"。

（5）最好以小组竞赛的形式进行，看看哪个小组可以坚持最长时间不松垮。

7. 解手链

（1）全体同学分组，让每组围着站成一个圆圈。

（2）指定任意一个同学说："先举起你的右手，握住对面那个人的手；再举起你的左手，握住另外一个人的手。"接下来请其他同学照着第一个同学同样的方法做，直到所有同学的手都彼此相握。现在他们面对一个问题，在不松开的情况下，让他们想办法把一个错综复杂的结解开。

（3）宣布解开的标准，只要小组成员呈现一个大圈或是两个套着的环，就视为解开。

（4）如果实在解不开，老师可允许学员决定相邻两只手断开一次，但再次进行时必须马上封闭。

8. 数字传递

步骤：

（1）将同学们分成若干组，每组学员 5～8 名，并选派每组一名组员出来担任监督员。

（2）所有参赛的组员排纵列排好，队列的最后一人到培训师处，老师向全体参赛学员和监督员宣布游戏规则。

规则：

（1）各队代表到主席台来，老师："我将给你们看一个数字，你们必须把这个数字通过肢体语言让你全部的队员都知道，并且让小组的第一个队员将这个数字写到讲台前的白纸上（写上组名），看哪个队伍速度最快，最准确。"

（2）全过程不允许说话，后面一个队员只能够通过肢体语言向前一个队员进行表达，通过这样的传递方式层层传递，直到第一个队员将这个数字写在白纸上。

（3）比赛进行三局，每局休息 1 分钟 15 秒。第一局胜利积 5 分，第二局胜利积 8 分，第三局胜利积 10 分。

9. 潮起潮落

目的：

（1）增进团队信任。

（2）使队员们发扬团队精神协同工作。

（3）让队员们能够自然地进行身体接触和配合，消除害羞和忸怩感。

步骤：

（1）整个团队分两列纵队站立，两列队员要肩并肩站齐，彼此尽量靠近。如果队员总数是奇数，让其中一名队员做你的助手。

（2）选队列前面一名队员作为"旅行者"，让队员们把这位"旅行者"举过头顶，沿他们排成的两列纵队，传送到队尾。这是一个能真正体现"人多力量大"的例子。"旅行者"到达队尾，后面几个队员举着他的身体下落时，应保证他的双脚安全着地。

变通：如果参加人数较少，让队列前面的队员传送"旅行者"后，立即移动到队尾。这样也能使"旅行者"转移到预定地点。时间：15~20分钟，取决于参加人数的多少。

人数：不限，但至少20人。

10. 踩气球

每组男女生各1名。左右脚各捆绑4个气球，在活动开始后，互相踩对方的气球并保持自己的气球不破或破得最少，则胜出。

工作人员统计：裁判3人，总裁1人。

所需物品统计：气球若干。

11. 比画——猜词

两三人配合比画，剩下的队员都猜。时间3~5分钟，以猜出词语最多者为胜，决出前3名。可以出一些词组或简单的语句。

工作人员统计：裁判及工作人员2名，总裁1名。

12. 齐眉棍

规则：

（1）全体分为两队，相向站立，用右手食指的侧面，接住棍子，把棍子举至眼眉的高度，然后共同将一根棍子放到地上，下落的过程中有1名学生手指离开棍子，或有1名学生说话，游戏失败，重新开始。

（2）棍子下落的过程中，可以有1人指挥，口令为：上、下、停。

（3）用时最短者胜出。

人数：10~15人。

道具：2~3米长的轻棍。

时间：30分钟左右。

13. 无敌风火轮

步骤：12~15人一组利用报纸和胶带制作一个可以容纳全体团队成员的封闭式大圆环，将圆环立起来，全队成员站到圆环上边走边滚动大圆环。

目的：本游戏主要培养学生们团结一致，密切合作，克服困难的团队精神；培养计划、组织、协调能力；培养服从指挥、一丝不苟的工作态度；增强队员间的相互信任和理解。

14. 信任背摔

规则：这是一个广为人知的经典拓展项目，每个队员都要笔直地从1.6米的平台上向后倒下，而其他队员则伸出双手保护他。每个人都希望可以和他人相互信任，否则就会缺乏安全感。要获得他人的信任，就要先做个值得他人信任的人。对别人猜疑的人，是难以获得别人的信任的。这个游戏能使队员在活动中建立及加强对伙伴的信任感及责任感。

目的：培养团体间的高度信任；提高组员的人际沟通能力；引导组员换位思考，让他们认识到责任与信任是相互的。

（二）管理团队

第一，要管理好自己，要成为一个优秀团队的管理者，自己在各方面一定要做得最好，是团队的榜样，把自己优良的工作作风带到团队。用海阔天空的胸襟，用真诚去打动每一位成员。

第二，要在团队中建立好培训工作。把公司的文化和工作技能及自己的特长运用到实际工作中，传授给团队中的每一个成员，要知道，要想刀锋利，首先要把刀磨快，而丰富的企业文化和知识技能培训，也是留住团队成员的最好方法。

第三，在团队中培养良好严谨的工作作风。

第四，人性化的管理。工作是严谨的，但是管理者和成员之间是要有人性化的，管理者要切身站在成员的立场上思考问题，如何协调好成员的工作情绪，以及建立好上下层之间的人际关系，让成员感到这个团队是温暖的。

第五，要让每个成员明白团队工作的目标。掌握好如何高效率地完成工作目标的方法。

第六，做好团队的幕后总指挥。成员在工作中肯定会遇到各种自己无法应付的问题，作为管理者，其最重要的职责就是做好指挥工作，要和成员形成良好的沟通，要培养好成员工作中出现什么问题及时汇报沟通的工作习惯，管理者通过个人的工作经验和阅历以及和上级的沟通，给出现问题的员工一个最好的解决问题的方法，直到处理好工作问题。

第七，协调好与上层的关系。把上层的任务和思想传达好给每一位自己的成员，让团队自上而下达到良好的协调，目标一致，圆满完成公司的目标。

以上只是管理工作中很少的一部分，更多地要在实践中体现。

任务实施

实训背景：两千多年前的楚汉相争，项羽勇猛无比，力大能扛鼎，然而最终得天下的，不是项羽，而是刘邦。因为刘邦网罗了很多人才，有称为三杰的韩信、张良和萧何，有宰狗的樊哙、赶车的夏侯婴，帮人做丧事的周勃，还有陈平、英布等，组成了一个人才济济的智囊团。但是项羽生性多疑，不能够任人唯贤，连一个范增都留不了，最后落得一个兵败身亡的下场。所以刘邦的胜利是一个团队对一个单人的胜利。单枪匹马打天下的个人英雄主义时代一去不复返了，也许还有，但很少了！对此现象，对比今天的竞争就是一切，订单就是金钱的观念，你是怎样想和怎样做的？

实训要求：以演讲的形式实施，题目自拟，演讲时间：2分钟。

⊕ 任务反馈

_____

_____

_____

项目小结

在团队中，如果遇到困难或出现了问题，很多人马上会找到别人的不足，却很少发现自己的问题。队员间的抱怨、指责、不理解对于团队的危害……这个项目将告诉大家："照顾好自己就是对团队最大的贡献。"

提高队员在工作中相互配合、相互协作的能力，统一的指挥加上所有队员共同努力对于团队成功起着至关重要的作用。

营销谚语

"十根筷子折不断""众人摇桨划大船"——指协调的作用，会产生1+1＞2的效果。

项目三　企业营销管理

名　言

商业合作必须有三大前提：一是双方必须有可以合作的利益，二是必须有可以合作的意愿，三是双方必须有共享共荣的打算，此三者缺一不可。——马云

任务一　认识营销管理

试一试

选定一种产品，在班级进行现场销售。

想一想

作为营销专业的学生，你认为营销和推销是一回事？

经典赏析

做市场与做销售

小刘和小赵是大学同学，都是学市场营销专业的。小刘毕业后去了一家业内数一数二的大企业 A 公司做市场，小赵毕业后去了与 A 公司同行业且实力相当的 B 公司做销售。

评一评

1. 小刘和小赵最有可能在 A 公司、B 公司的什么部门工作？
2. 小刘和小赵的工作职责和目的是一样的吗？
3. 企业的市场营销管理工作到底都包括哪些内容？

事实上社会中很多人对上述三个问题同样没有把握能够给出正确的答案。要能准确地回答任务中的所有问题，必须要熟练掌握以下知识：

（1）市场营销与销售的关系。

（2）企业营销管理工作的任务。

（3）企业营销管理工作的具体内容和过程：主要包括开展企业市场营销调查、着手企业目标市场选择和决定企业市场营销组合等。

相关知识

一、初识企业市场营销

市场营销是连接市场需求与企业反应的中间环节，是企业战胜竞争对手、实现盈利的重要方法。在市场产品趋于同质化、消费者需求呈现多样化的今天，研究市场营销理论和方法对企业而言尤为必要。

（一）市场营销与销售的关系

1. 市场营销的含义

对市场营销的解释，中外诸多学者表述各异，历经几十年仍未达成统一。综合大多数学者和专家的表述，本书给市场营销作如下定义：它以市场（或顾客）需求为中心，研究企业经营销售活动及其规律，即研究企业如何从满足消费者的需求与欲望出发，有计划地组织企业的整体活动，通过交换，将产品或服务从生产者手中传递到消费者手中，以实现企业的盈利目标。从上述定义可见：

（1）营销的对象是产品或服务。

（2）满足顾客需求与欲望是企业营销的出发点。

（3）有计划地组织活动或市场营销整合策略是满足消费者需求及实现企业目标的手段。

（4）交换是企业产品营销的核心。

（5）获取长远利润是企业营销的目的。

2. 市场营销与销售的关系

对市场营销的理解，很多人存在误区。最普遍的误解就是把市场营销等同于销售或者推销。在英语中，营销是 Marketing，销售是 Sales，两者有着本质的区别，表现在：

（1）出发点：市场营销的出发点是市场需求，而销售的出发点是企业。

（2）工作目标：市场营销的目标是树立品牌，扩大品牌知名度、提升美誉度，给消费者提供产品购买的理由和刺激，而销售的工作目标就是如何把产品送到消费者的面前，并成功地收回资金，实现商品的价值。

（3）方法和手段：市场营销采用的是整体营销手段，而销售主要采用的是人员促销和广告等手段。

（4）层次：市场营销与销售就是"战略"和"战术"的关系，市场涉及销售的方方面面，包括售前、售中和售后的市场调查，营销方案的制订，产品定位和品牌推广方案、价格制定，渠道开发和促销的策略制定，售后服务政策等，是全局统筹的工作，是战略层面的事情。销售主要是将市场部研究规划出的产品按设计好的渠道和价格以及促销宣传方式具体实施，管好渠道畅通以及物流和资金流安全畅通即可，是战术实施方面的事情。一个是策略制订，一个是策略执行。

（5）全局和局部：市场营销考虑的是全局性的，所代表的是整体利益。因此除了销量外，还有品牌知名度、品牌美誉度等，考核标准也是难以确定和具体量化的。而销售就是体现在货物的销售和回款的多寡。

（6）获取利润的方式：市场营销通过满足顾客的需求来获取利润，关注的是企业长远的利益；而销售是通过增加产品销量来获取利润，关心企业短期利益。

企业的销售部门与市场部门是企业营销的两大基本职能部门。市场部门的任务是解决市场对企业产品的需求问题，销售部门的任务是解决市场能不能买到产品的问题，这两个问题同时作用于市场，就是我们今天所做的市场营销工作。

（二）企业营销管理工作

1. 企业营销管理的意义

伴随着市场竞争的加剧，越来越多的企业管理人员开始认识到市场营销对于企业有着举足轻重的意义，表现在：

（1）通过市场营销确定并满足消费者的需求。不同消费者的需求呈现出多样性、变化性与独特性，要准确把握不同消费者的需求，需要依靠市场调研去完成。了解消费者的需求之后，营销人员将消费者的需求反馈给研发部门，研发部门才能有针对性地进行产品设计，使最终产品符合消费者的需求。

（2）通过为本企业的产品和服务确立不同于竞争者的独特的市场定位。现代市场激烈的竞争使企业不能盲目进行生产，必须在对内外部营销环境进行分析后，进行市场细分和目标市场的选择，进而进行独特的市场定位，使得企业的市场定位符合企业的资源条件，从而打造自身竞争优势。

（3）通过市场营销确保本企业营销渠道畅通无阻。绝大部分企业都不是产销一体化的，生产出来的产品需要依靠渠道商的合作方能传递到顾客手中。企业建立与渠道商之间的战略合作关系，有效地管理和控制渠道商，是产品和服务顺利到达最终市场，扩大市场份额的重要保障。

（4）通过市场营销推广本企业的产品和服务，使广大客户和消费者熟悉、喜爱甚至依赖本企业产品与服务。现在的市场绝大多数为买方市场，企业应该主动出击，积极地进行产品和服务的营销活动。其中，促销是一种较好的手段和方法，通过广告促销、人员促销、公共关系和营业推广等方式让消费者逐渐熟知并喜爱企业产品和服务，提升企业形象与知名度、美誉度。

（5）通过市场营销促进企业与消费者的关系，拉近彼此的距离，加深双方的感情。现代企业利用体验营销、服务营销和情感营销等方式加深消费者的满意度和忠诚度，促进消费者重复购买和长期购买，为实现企业长远发展奠定坚实基础。

由此足以看出市场营销是连接市场需求与企业反应的桥梁和纽带，对实现企业战略目标有决定作用，因此必须要将市场营销置于企业的中心位置。

2. 企业营销管理的主要任务

企业营销管理的主要任务不仅要刺激消费者对产品的需求，还要帮助企业在实现营销目标的过程中，影响需求水平、需求时间和需求构成。因此企业营销管理的任务是刺激、创造、适应及影响消费者的需求。

从本质上来说，企业营销管理就是需求管理。需求管理要求企业将消费者对产品或服务的不健康需求转化为健康需求；改变不规则需求，发现并转化为规则需求；想办法阻止下降需求，保持甚至增加需求；努力扭转负需求，将其转为正需求；满足现有需求，发现甚至创造需求。其中创造需求给企业带来的挑战最大，但是机遇也更多。因为这些需求都未被市场发掘，一旦发掘潜力巨大。

3. 企业营销管理过程

企业市场营销活动是一项系统工作，其管理过程应该使用系统的方法发现、分析和选择市场机会，进而把市场机会变为有利可图的企业机会。具体来讲，企业的营销管理过程包括如下步骤：通过调查发现市场机会、选择目标市场、确定市场营销组合、制订市场营销计划、执行和控制市场营销计划。其中前三部分是市场营销管理活动的主要组成部分，接下来我们就对这三部分内容加以介绍。

二、市场营销观念的演变及新发展

（一）营销观念演变

所谓营销观念，就是指企业开拓市场，实现营销目标的根本指导思想。其核心也就是以什么样的营销哲学或理念来指导企业开展生产经营活动。

1. 生产观念

产生背景：卖方市场，供不应求。企业的一切生产经营活动以生产为中心，围绕生产来安排一切业务。

生产观念可以概括为："我们会做什么，就生产什么。"

2. 产品观念

这种观念认为：消费者喜欢那些质量高、性能好、价格合理并有特色的产品，因此企业的主要任务就是提高产品质量。只要产品好，不怕卖不掉；只要产品有特色，自然会顾客盈门。"酒好不怕巷子深""一招鲜，吃遍天"等都是产品观念的生动写照。这种观念可以概括为："我们会做什么，就努力做好什么。"

3. 推销观念

推销观念强调：消费者一般不会主动选择和购买商品，只能通过推销产生的刺激，诱导消费者产生购买行为。这样，推销部门的任务就是采用各种可能的手段和方法，去说服和诱导消费者购买商品。至于商品是否符合顾客的需要，是否能让顾客满意，顾客是否会重复购买等问题，都无关紧要。

推销观念可以概括为："我们会做什么，就努力去推销什么。"

4. 市场营销观念

市场营销观念的原则是"顾客需要什么，就生产和销售什么"或者"能销售什么，就生产什么"。在这种观念指导下，企业的中心工作不再是单纯追求销售量的短期增长，而是着眼于长久地占领市场阵地。因而提出了"哪里有消费者的需要，哪里就有我们的机会"和"一切为了顾客的需要"等口号。

市场营销观念产生的背景，一是由于第二次世界大战后生产力的迅速发展，许多产品供过于求加剧，竞争更加激烈；二是各资本主义国家普遍实行高工资、高福利、高消费的所谓"三高"政策，使消费者的购买力增加，消费欲望不断变化，对商品的购买选择性大大增强。市场格局发生了根本性变化，原来的卖方市场迅速转变为买方市场。许多企业家认识到：在进行生产之前，必须首先分析和研究消费者的需要，在满足消费者需要的基础上，企业才能生存和发展。按照市场营销观念，市场不是处于生产过程的终点，而是起点，不是供给决定需求，而是需求引起供给，哪里有需求，哪里才有生产和供给。

市场营销观念的产生是现代企业营销观念的重要变革。西方市场学家对这一变革给予了很高的评价，称之为商业哲学的一次革命。

5. 社会营销观念

社会营销观念的基本论点是：企业在生产和提供任何产品或服务时，不仅要满足消费者的需要和欲望，符合本企业的擅长，还要符合消费者和社会发展的长远利益，实现企业、消费者和社会利益三者的协调。社会营销观念是对市场营销观念的补充与完善。

上述五种营销管理观念归纳起来可分为两类；一类是传统经营观念，包括生产观念、产品观念和推销观念。其共同特点是以生产者为导向，以产定销，产生于卖方市场。另一类是现代经营观念，包括市场营销观念和社会营销观念。其共同特点是以市场（消费者）为导向，以销定产，产生于买方市场。这两类经营观念无论在考虑工作的出发点上，还是在实现目的的方法和途径方面都是有根本区别的。传统经营观念主要从企业擅长生产的产品出发，通过大量生产或加强推销工作，获得企业利润。而现代经营观念则是从消费者需求出发，通过企业的整体营销活动，在满足消费者需求的基础上获取企业利润。

（二）市场营销观念的新发展

1. 大市场营销观念

所谓大市场营销，就是指企业为了成功地进入特定市场，并在那里从事经营活动，需在策略上协调地采用经济的、心理的、政治的和公共关系等手段，以博得各方面合作的活动过程。

在目前的市场环境中，由于贸易保护主义回潮，政府干预加强，企业营销中所面临的问题，已不仅仅是如何满足现有目标市场的需求，企业面临的首要问题是如何进入壁垒森严的特定市场。因此，大市场营销观念认为，企业在市场营销中，首先是运用政治权力（Political Power）和公共关系（Public Relationship），设法取得具有影响力的政府官员、立法部门、企业高层决策者等方面的合作与支持，启发和引导特定市场的需求，通过在该市场的消费者中树立良好的企业信誉和产品形象，以打开市场、进入市场。然后，运用传统的市场营销组合去满足该市场的需求，达到占领该目标市场的营销目的。

2. 关系营销观念

所谓关系营销观念就是指为了建立、发展、保持长期的、成功的交易关系而进行市场营销活动的一种营销观念。

关系市场营销的核心是正确处理企业与消费者、竞争对手、供应商、分销商、政府机构和社会组织的关系，以追求各方面关系利益最大化。这种从追求每笔交易利润最大化转化为追求同各方面关系利益最大化是关系市场营销的特征，也是当今市场营销发展的新趋势。

3. 绿色营销观念

绿色营销观念是在当今社会环境破坏、污染加剧、生态失衡、自然灾害威胁人类生存和发展的背景下提出来的新观念。20 世纪 80 年代以来，伴随着各国消费者环保意识的日益增强，世界范围内掀起了一股绿色浪潮，在这股浪潮冲击下，绿色营销观念也就应运而生了。

所谓绿色营销观念，就是指企业必须把消费者需求与企业利益和环保利益三者有机结合起来，必须充分顾及到资源利用与环境保护问题，从产品设计、生产、销售到使用整个营销过程都要考虑到资源的节约利用和环保利益，做到安全、卫生、无公害的一种营销观念。

4. 文化营销观念

所谓文化营销观念，就是指企业成员共同默认并在行动上付诸实施，从而使企业营销活动形成文化氛围的一种营销观念。企业的营销活动不可避免地包含着文化因素，企业应善于运用文化因素来实现其占领某个目标市场的营销目的。

文化营销观念认为，在企业的整个营销活动过程中，文化因素渗透于其始终。一是商品中蕴含着文化，商品不仅仅是有某种使用价值的物品。同时，它还凝聚着审美价值、知识价值、社会价值等文化价值的内容。二是经营中凝聚着文化。众所周知，日本企业的经营之所以能够获得巨大成功，主要得益于其企业内部全体职工共同信奉和遵从的价值观、思维方式和行为准则，即所谓的企业文化。在营销活动中尊重人的价值、重视企业文化建设、重视管理哲学，已成为当今企业营销发展的新趋势。

（三）分析企业营销环境

认识企业经营的环境，掌握环境对企业的影响；了解企业及行业的竞争状态，采用简单适用的方法对企业的经营环境做出分析，这是市场营销工作人员开展营销工作的基本功，通过这样可以达到知彼知己，从中为企业的经营做出正确的选择。

市场营销环境是企业营销职能外部的不可控制的因素和力量，这些因素和力量是影响企业营销活动及其目标实现的外部条件。

1. 市场营销的微观环境

企业的微观营销环境包括即企业内部因素、供应商、营销中间商、顾客、竞争者和公众。营销活动能否成功，除营销部门本身的因素外，还要受这些因素的直接影响。

（1）企业内部因素。市场营销部门一般由市场营销副总裁、销售经理、推销人员、广告经理、营销研究与计划以及定价专家等组成。营销部门在制订和实施营销目标与计划时，不仅要考虑企业外部环境力量，还必须注意企业内部环境力量的协调与配合：生产、采购、研发、财务、最高管理层。而且要充分考虑企业内部环境力量，争取高层管理部门和其他职能部门的理解和支持。

（2）供应商。供应商是向企业及其竞争者提供生产经营所需资源的企业或个人，包括提供原材料、零配件、设备、能源、劳务及其他用品等。供应商对企业营销业务有实质性的影响，其所供应的原材料数量和质量将直接影响产品的数量和质量；所提供的资源价格会直接影响产品成本、价格和利润。在物资供应紧张时，供应商更起着决定性的作用。

（3）营销中间商。营销中间商主要指协助企业促销、销售和经销其产品给最终购买者的机构，包括中间商、物流公司、营销服务机构和财务中介机构。

① 中间商包括商人中间商和代理中间商。

② 物流公司，主要职能是协助厂商储存并把货物运送至目的地的仓储公司。实体分配的要素包括包装、运输、仓储、装卸、搬运、库存控制和订单处理七个方面，其基本功能是调节生产与消费之间的矛盾，弥合产销时空上的背离，提供商品的时间效用和空间效用，以利适时、适地和适量地把商品供给消费者。

③ 营销服务机构，如广告公司、传播公司等。企业可自设营销服务机构，也可委托外部营销服务机构代理有关业务，并定期评估其绩效，促进提高创造力、质量和服务水平。

④ 财务中介机构。协助厂商融资或分担货物购销储运风险的机构，如银行、保险公司等。财务中介机构不直接从事商业活动，但对工商企业的经营发展至关重要。

（4）顾客。微观环境的第四种力量就是顾客，即目标市场。这是企业服务的对象，是企业的"上帝"。企业需要仔细了解自己的顾客市场。企业应按照顾客及其购买目的的不同来细分目标市场。市场上顾客不断变化和不断进步的消费需求，要求企业以不断更新的产品提供给消费者。

（5）竞争者。企业微观环境中的第五种力量是企业面对着的一系列竞争者。每个企业的产品在市场上都存在数量不等的业内产品竞争者。企业的营销活动时刻处于业内竞争者的干扰和影响的环境之下。因此，任何企业在市场竞争中，主要是研究如何加强对竞争对手的辨认与抗争，采取适当而高明的战略与策略谋取胜利，以不断巩固和扩大市场。

（6）公众。公众是指对本组织实现其营销目的的能力具有实际的或潜在的影响力的群体。

2. 市场营销的宏观环境

宏观营销环境指对企业营销活动造成市场机会和环境威胁的主要社会力量，包括人口、经济、自然、政治与法律、技术、文化等因素。企业及其微观环境的参与者，无不处于宏观环境之中。

（1）人口环境。人口是构成市场的第一位因素。市场是由有购买欲望同时又有支付能力的人构成的，人口的多少直接影响市场的潜在容量。从影响消费需求的角度，对人口因素可作如下分析：

① 年龄结构。随着社会经济的发展，科学技术的进步，生活条件和医疗条件的改善，平均寿命大大延长。人口年龄结构的变化趋势。

② 地理分布。人口在地区上的分布，关系市场需求的异同。居住不同地区的人群，由于地理环境、气候条件、自然资源、风俗习惯的不同，消费需求的内容和数量也存在差异。

③ 家庭组成。指一个以家长为代表的家庭生活的全过程，也称家庭生命周期，按年龄、婚姻、子女等状况，可划分为七个阶段：

未婚期：年轻的单身者。

新婚期：年轻夫妻，没有孩子。

满巢期一：年轻夫妻，有六岁以下的幼童。

满巢期二：年轻夫妻，有六岁和六岁以上儿童。

满巢期三：年纪较大的夫妻，有已能自立的子女。

空巢期：身边没有孩子的老年夫妻。

孤独期：单身老人独居。

④ 人口性别。性别差异给消费需求带来差异，购买习惯与购买行为也有差别。一般来说，在一个国家或地区，男、女人口总数相差并不大。但在一个较小的地区，如矿区、林区、较大的工地，往往是男性占较大比重，而在某些女职工占极大比重的行业集中区，则女性人口又可能较多。

（2）经济环境。经济环境一般指影响企业市场营销方式与规模的经济因素，如消费者收入与支出状况、经济发展状况等。

（3）自然环境。主要指营销者所需要或受营销活动所影响的自然资源。营销活动要受自然环境的影响，也对自然环境的变化负有责任。营销管理者当前应注意自然环境面临的难题和趋势，如很多资源短缺、环境污染严重、能源成本上升等，因此，从长期的观点来看，自然环境应包括资源状况、生态环境和环境保护等方面，许多国家政府对自然资源管理的干预也日益加强。人类只有一个地球，自然环境的破坏往往是不可弥补的，企业营销战略中实行生态营销、绿色营销等，都是维护全社会的长期福利所必然要求的。

（4）政治、法律环境。

① 政治环境。指企业市场营销的内外部政治形势：国内政治环境。包括党和政府的各项方针、路线、政策的制定和调整对企业市场营销的影响。企业要认真进行研究，领会其实质，了解和接受国家的宏观管理，而且还要随时了解和研究各个不同阶段的各项具体的方针和政策及其变化的趋势。国际市场营销政治环境。国际市场营销政治环境的研究。一般分为"政治权力"和"政治冲突"两部分。随着经济的全球化发

展，我国企业对国际营销环境的研究将越来越重要。政治权力指一国政府通过正式手段对外来企业权利予以约束，包括进口限制，外汇控制、劳工限制、国有化等方面。政治冲突主要指国际上重大事件和突发性事件对企业营销活动的影响。内容包括直接冲突与间接冲突两类。

② 法律环境。指国家或地方政府颁布的各项法规、法令和条例等。法律环境对市场消费需求的形成和实现，具有一定的调节作用。企业研究并熟悉法律环境，既保证自身严格依法管理和经营，也可运用法律手段保障自身的权益。

（5）科学技术环境。科学技术是第一生产力，科技的发展对经济发展有巨大的影响，不仅直接影响企业内部的生产和经营，还同时与其他环境因素互相依赖、互相作用，给企业营销活动带来有利与不利的影响。例如，一种新技术的应用，可以为企业创造一个明星产品，产生巨大的经济效益；也可以迫使企业的一种成功的传统产品，不得不退出市场。新技术的应用，会引起企业市场营销策略的变化，也会引起企业经营管理的变化，还会改变零售业业态结构和消费者购物习惯。

（6）社会文化环境。社会文化主要指一个国家、地区的民族特征、价值观念、生活方式、风俗习惯、宗教信仰、伦理道德、教育水平、语言文字等的总和。主体文化是占据支配地位的，起凝聚整个国家和民族的作用，由千百年的历史所形成的文化，包括价值观、人生观等；次级文化是在主体文化支配下所形成的文化分支，包括种族、地域、宗教等。文化对所有营销的参与者的影响是多层次、全方位、渗透性的。它不仅影响企业营销组合，而且影响消费心理，消费习惯等，这些影响多半是通过间接的、潜移默化的方式来进行的。

三、市场调查

（一）市场调查的含义、对象和内容

1. 市场调查的含义

市场调查又被称为市场调研或市场研究，是指针对企业特定的营销问题，采用科学的方法，系统地、客观地设计、收集、分析和整合有关市场营销各方面的信息，为营销管理者制定、评估和改进营销决策提供依据。

开展市场调查工作需要从以下几个方面入手：确定市场调查对象和内容、选择市场调查方法、设计市场调查问卷和撰写市场调查报告。

2. 选择市场调查对象

市场调查的对象一般为消费者、零售商和批发商。零售商和批发商为经销调查产品的商家，消费者一般为使用该产品的消费群体。在以消费者为调查对象时，要注意

到有时某一产品的购买者和使用者不一致，如对婴儿食品的调查，其调查对象应为孩子的母亲。此外还应注意到一些产品的消费对象主要针对某一特定消费群体或侧重于某一消费群体，这时调查对象应注意选择产品的主要消费群体，如对于化妆品，调查对象主要选择女性；对于酒类产品，其调查对象主要为男性。在选择市场调查对象时，还需注意调查对象要有代表性，选择数量要足够多，样本要足够大。

3. 确定市场调查内容

市场营销调查涉及营销活动的方方面面，主要包括以下几大内容：

（1）营销环境调查。营销环境是企业开展营销活动的基础，企业的营销环境调查主要包括对宏观环境、微观环境的调查。对宏观环境的调查主要包括政治、经济、技术、法律、自然条件、社会文化环境等的调查；微观环境调查是对企业内部营销渠道、社会公众等的调查。

（2）顾客调查。顾客调查主要是掌握顾客的购买动机、购买欲望和购买能力，以分析本企业产品的现实购买者和潜在购买者。包括对购买心理、购买行为的特征进行调查分析，研究社会、经济、文化等因素对购买决策的影响。而且还要了解潜在顾客的需求情况，影响需求的各因素变化的情况，消费者的品牌偏好及对本企业产品的满意度等。

（3）产品调查。产品调查包括对现有产品进行改良，对新产品进行设计、开发和试销，对目标顾客针对在产品款式、性能、质量、包装等方面的偏好趋势进行预测；在成本基础之上根据供求关系对产品价格进行调查分析，以确定未来价格调整的方向和预期的效果；对营销渠道的规模、构成、合作情况、成本费用等进行调查，为合理调整营销渠道提供依据；对产品促销情况进行调查研究，包括对广告、人员促销、营业推广等促销方式的比例、表现方式、成本费用和效果进行调查分析，找出对消费者影响最大、成本费用相对比较合理的促销方式作为下一步促销方案策划的依据。

（4）市场竞争情况调查。市场竞争情况调查包括对竞争者的企业战略、经营规模（设备先进程度、生产规模、劳动效率等）、技术设备（技术队伍、新产品研发、实验室建设等）、产品特点（包装、质量、价格水平等）、服务特色（售前、售中、售后服务等）、渠道建设（渠道规模、渠道层级、渠道管理等）、促销水平（促销时点选择、促销方式运用、促销成本控制等）和应变能力（对市场反应速度、适应市场需求能力、危机公关水平等）等方面全面深刻了解和掌握竞争对手的动向，以便制定恰当的竞争战略和策略。

（二）选择市场调查方法

进行市场调查，必须选择科学合理的调查方法，这样才能收到事半功倍的效果。市场调查的方法主要可以分为三类：观察法、访问法和实验法。

1. 观察法

观察法是调查者在被调查者不察觉的情况下，对被调查者进行直接观察，借助一定的设备、物品记录被调查者行为、反应和感受的方法。观察法是用来收集原始资料的一种方法，要求避免被调查者看出来或感觉出来自己正在被调查，以便获得真实、可靠的资料和数据。观察法常被用于客流量调查、企业服务水平调查和消费者满意度调查等。

知识拓展

"神秘顾客"是近年发展起来的一种新的调查方法。它由经过严格培训的调查员，在规定或指定的时间里扮演成顾客，对事先设计的一系列问题逐一进行评估或评定的一种调查方式。由于被检查或需要被评定的对象，事先无法识别或确认"神秘顾客"的身份，故该调查方式能真实、准确地反映客观存在的实际问题。

"神秘顾客"的调查方法最早是由肯德基、罗杰斯、诺基亚、飞利浦等一批国际跨国公司，引进国内为其连锁分部服务的。

"神秘顾客"不同于一般性调查的访问员，他们具有较高的综合素质和理解能力，良好的心理状态，端正的工作态度，敏锐的观察和分辨能力，是调查质量的有力保证。

2. 访问法

访问法也是收集原始资料的基本手段，根据访问形式不同存在四种类型。

（1）人员访问法。人员访问法又被称为面谈调查法，需要调查者和被调查者之间进行面对面的沟通，它要求调查人员应该做到以下几点才能获得比较好的调查效果：

① 熟悉调查的问题，明确问题的核心、重点和实质。

② 事先设计好问卷或者调查提纲。

③ 掌握人际沟通的技巧和方法，给对方创造宽松自由的氛围，能够不受拘束地接受调查。

人员调查的优点是可以灵活地和被调查者接触，能够直观地感受到被调查者的反应，调查结果真实度比较高；缺点是调查费用比较高，容易给双方造成压力，被调查者容易受到调查者语气、态度的影响等。

（2）电话访问法。电话访问法是调查者利用电话作为工具，按调查内容询问被调查者意见和建议的一种方法。此类调查要求组织者做到以下几点：

① 设计电话调查问卷。注意其中受通话时间、纪律规定的约束。

② 挑选和培训电话调查人员。

③ 选择样本方案、调查对象和访问时段。

这种方法的优点是：资料收集速度快，统一程度高；给被调查者施加的压力较小，对有些不便于面谈的问题在电话中可能会得到回答。缺点是：如果被调查者不能把握调查时机往往会遭受被调查人拒绝；且问题太多易引起被调查者反感，不能深入详细地进行讨论分析。

（3）信函访问法。信函访问法是调查者将调查表邮寄给被调查者，要求被调查者在填好后在一定期限内寄回给调查者的一种调查方法。这种方法的优点是：调查范围比较广泛；被调查者可以不受调查者的影响，在一定程度上可以保证填写的客观真实性；被调查者有充分的时间仔细思考作答，可以填写得比较全面翔实。缺点是：回收率低；时间周期较长；如果填表者不是目标被调查者，回答问题会比较肤浅。

（4）网络访问法。利用互联网展开市场调查是当今流行的商业调查形式，其主要方式有网络自动问卷、E－mail 问卷调查、在线小组讨论、在线点击调查、BBS 讨论版自动统计等。这种方法的优点是：调查成本低，调查速度快。缺点：是由于网络的匿名性使得调查者不了解被调查者的背景，导致调查结果真实程度低。

3. 实验法

实验法是从影响调查问题的若干因素中，选择一两个因素，将它们置于一定的条件下进行小规模实验，然后对实验结果作出分析，研究是否值得大规模推广的一种调查方法。实验法多用于将实验的产品在选定的市场中进行试销，以测定各种营销手段的效果，它不见得像自然科学中的实验一样必须在实验室完成。实验法的优点是：可以有效地防范因盲目生产和销售产品而带来的巨大风险，在一定程度上提高营销的安全系数。缺点是：实验时间长、费用高，选择的市场不一定具有代表性，可变因素难以控制和把握，测试结果不易比较。

（三）设计市场调查问卷

市场调查问卷是市场调查的重要工具，一份内容恰当、问题设计合理、形式得当的调查问卷既可以使调查者顺利达到调查目的，也可以使被调查者乐意合作、客观真实反映调查者的问题。因此学会设计调查问卷十分必要，是市场营销调查的一项关键工作。

1. 调查问卷设计的原则

调查问卷设计得完善与否直接影响到调查结果的质量。因此在设计调查问卷时应注意遵循以下原则：

（1）必要性原则。调查问卷必须紧紧围绕着调查目的展开，设计的问题应该精要、有针对性，不能长篇累牍，拖沓冗长。

（2）准确性原则。调查问卷中应该用词准确，避免含混不清，似是而非，让被调查者产生误解和疑问。同时，尽量用通俗的易于理解的语言进行表述，少用晦涩的专业词语以免引起调查者的不解和不快。

（3）客观性原则。调查问卷中的问题要客观，不能有引导性和倾向性的问题，不能有提示或暗示被调查者的意图，以保证资料收集的客观真实。

（4）可行性原则。调查问卷的填写需要被调查者的配合，所以调查问卷设计的内容要符合被调查者的习惯和认知，使被调查者愿意回答和方便回答。这就要求调查者在提问时简洁清楚明了，注意使用礼貌用语，尽可能设计选择题，问题设计遵循由简到难的顺序。

（5）数量化原则。如果能够量化的问题，尽可能量化，以便于数据整理。

2. 调查问卷设计的步骤

问卷设计没有统一、固定的格式和程序，一般说来有以下几个步骤：

（1）根据调查目的，拟定调查内容提纲，列出调查所需资料范畴，并征求专家和实际业务人员的意见。

（2）根据专家和业务人员的意见编写问卷。在问卷编写时，注意结合调查问卷设计的原则，将问题和答案按照顺序依次列入调查问卷表中。

（3）测试并修改完善问卷。将初步设计出来的调查问卷，在小范围内作初步测试，根据测试结果对调查问卷作必要的修改，使问卷设计渐趋完善。

3. 调查问卷的内容

一份完整的调查问卷一般是由题目、说明、筛选、问卷主体、调研证明记载和结束语六个部分组成。

（1）题目。每份调查问卷都有一个主题。调查者应开宗明义确定主题，使人一目了然，增强被调查者的兴趣。

（2）说明。说明一般在问卷的开头，是问卷的导言或介绍词，主要包括调查人代表的单位、调查的目的、恳请被调查人合作等。说明一方面是为了激发被调查者的兴趣，另一方面则使被调查人做到胸中有数，回答问题能够有的放矢，便于提高调查的效率和质量。所以说明词要通俗易懂、简明扼要。问卷的说明是十分必要的，对采用发放或邮寄办法使用的问卷尤其不可缺少。

（3）筛选。筛选主要是为了选择符合调查要求的被调查者而设立的。例如在对某品牌热水器的调查中，就需要在调查进入前先提出过滤题，否则，后续的问题就将很难进行。因此，首先要筛选被调查者是否购买过热水器，如果是，则可继续提问，否则就终止提问。

（4）问卷主体。这是问卷的核心部分。它收集市场信息的具体内容，主要涉及被调查者的兴趣、爱好以及行为习惯等方面。问卷主体围绕着调查者的主题展开，调查者在这部分应该充分考虑到被调查者的填写习惯，由简到难，以封闭式选择题为主，准确、简练地设计所有的问题，避免重复累赘。

（5）调查证明记载。它主要包括调查人的姓名、调查地点、调查方式和调查时间、被调查者的姓名或单位名称以及地址。采用匿名调查者则不写被调查者姓名，调查主题与被调查者年龄、收入等敏感话题不太相关的，则无须被调查者填写年龄和收入，以免引起被调查者的反感。

（6）结束语。结束语的任务就是要告诉被调查者调查结束了。不同问卷的结束语会略有不同，如邮寄问卷的结束语可能是："再次感谢您参与访问，麻烦您检查一下是否还有尚未回答的问题后，将问卷放入随附的回邮信封并投入信箱。"而一份拦截访问中的问卷的结束语可能会是："访问到此结束，这里有一份小礼品送给您，请签收。谢谢您，再见。"访问员最后还要签写姓名和日期。

知识拓展

某热水器公司市场调查问卷

访员编号：_____ 问卷编号：_____ 访问日期：_____

填写说明：此表是我公司为了提高热水器产品质量和服务水平对购买过热水器的消费者所作的一次调查。请填写者按实际情况回答，我公司将赠送礼品，并对有效的问卷进行抽奖，谢谢您的合作！

填写要求：凡未特别注明的均为单选，请在相应的空格内打"√"。

1. 请问您的热水器购买时间有多长？
   □不到 1 年　□1 年以上，5 年以下　□5～10 年　□10 年以上

2. 您购买热水器的地点是：
   □家居或家电商场　□大型超市　□建材市场　□热水器专卖店　□网上购买
   □其他（　　）

3. 您选择在该场所购买热水器的最主要原因是：
   □品质保障　□价格便宜　□专业介绍和服务　□方便快捷　□其他（　　）

4. 您家的热水器平均每周用多少次？
   □1 次不用　□1～2 天用一次　□3～4 天用一次　□5～10 小时用一次
   □10 次以上

5. 您家的热水器类型是：
   □电热水器　□燃气热水器　□太阳能热水器　□空气能热水器

6. 您选择这种类型的热水器的原因是：

☐环保节能 ☐安全 ☐方便快捷 ☐温度稳定 ☐使用费用较低

7. 您所知道的热水器牌子是：（可多选）

☐A.O. 史密斯 ☐皇明 ☐海尔 ☐樱花 ☐阿里斯顿 ☐华帝 ☐能率

☐清华阳光 ☐其他（　　　　）

8. 您家热水器的牌子是：

☐A.O. 史密斯 ☐皇明 ☐海尔 ☐樱花 ☐阿里斯顿 ☐华帝 ☐能率

☐清华阳光 ☐其他（　　　　）

9. 您选择该牌子的原因是：

☐品牌大 ☐价格低 ☐销售人员态度好 ☐售后服务好 ☐其他（　　　　）

10. 您对这一品牌的热水器售后服务满意吗？

☐很满意 ☐满意 ☐一般 ☐不满意

11. 您认为售后服务还需在哪些方面改进？（可多选）

☐服务速度 ☐服务态度 ☐服务规范化 ☐配件价格 ☐其他（　　　　）

12. 您对目前所使用的电热水器的感觉是：

☐很好 ☐较好 ☐好 ☐一般 ☐差

13. 在使用目前这个牌子的热水器过程中，您发现它最大的缺点是：

☐耗能大 ☐不太安全 ☐易出故障 ☐温度不稳定 ☐体积大

☐操作不方便 ☐加热慢 ☐出水量小 ☐其他（　　　　）

14. 如果您考虑换一台热水器，您会选择的热水器类型是：

☐电热水器 ☐燃气热水器 ☐太阳能热水器 ☐空气能热水器

15. 如果您考虑换一台热水器，您会考虑的牌子是：

☐A.O. 史密斯 ☐皇明 ☐海尔 ☐樱花 ☐阿里斯顿 ☐华帝 ☐能率

☐清华阳光 ☐其他（　　　　）

16. 如果您考虑换一台热水器，您会选择购物的场所是：

☐家居或家电商场 ☐大型超市 ☐建材市场 ☐热水器专卖店 ☐网上购买

☐其他（　　　　）

17. 如果您考虑换一台热水器，您希望这台热水器的价格在：

☐1000 元以下 ☐1000~2000 元 ☐2000~3000 元 ☐3000~5000 元

☐5000~10000 元 ☐10000 元以上

18. 请给影响您购买热水器的因素进行排序（1 表示首选，6 表示最后考虑）：

☐品牌 ☐价格 ☐广告 ☐经销商环境 ☐质量 ☐销售人员态度

☐售后服务 ☐体积 ☐其他（　　　　）

19. 您认为应该从何种渠道做广告效果更好？

　　□电视　□网络　□电台　□报纸　□专业杂志　□其他（　　　）

20. 您知道我公司经营的这个品牌的热水器吗？

　　□知道　□不知道　□记不清

21. 您是从何种渠道知道我公司的？（可多选）

　　□电视广告　□报刊　□熟人介绍　□网络　□其他途径（　　　）

22. 您对我公司提供的产品和服务满意吗？

　　□很满意　□满意　□一般　□不满意　□不知道

23. 您认为我们在产品设计或销售环节应该做哪些改进？（　　　）

24. 您认为应该如何改进我们的售后服务？（　　　）

家庭人口数量：_____　家庭月收入：_____

最后，再次感谢您的热心参与，祝您全家愉快，谢谢！

调查地点：_____　调查者签名：_____

（四）撰写市场调查报告

将市场调查问卷进行分析整理得出结果就可以撰写市场调查报告了。撰写市场调查报告是市场调查的最后一步，是调查成果的反映。一份条理清楚、言简意赅的市场调查报告会为企业决策者提供有力的依据，因此在撰写调查报告时一定要把握以下原则：内容客观真实；重点突出而简要；文字简练；应利用易于理解的图、表说明问题；计算分析步骤清晰，结论明确。

调查报告没有固定统一的结构，它会随着调查项目的不同、调查公司和报告撰写者的不同而呈现出各种风格。但是不管如何变化，调查报告一般是由题目、目录、摘要、正文、结论和建议、附件等几个部分组成的。

1. 题目

题目包括市场调查标题、报告日期、委托方、调查方等。一般应打印在扉页上。有的调查报告还采用正、副标题形式，一般正标题表达调查的主题，副标题则具体表明调查的单位和问题。标题要简单明了，题文相符，高度概括，具有较强的吸引力。

2. 目录

提交调查报告时，如果涉及的内容及页数很多，应当用目录或索引形式标记出来，以便于使读者对报告的整体框架有一个具体的了解。目录包括各章节的标题，题目、大标题、小标题、附件及各部分对应的页码等。一般来说，目录的篇幅不宜超过一页。

3. 摘要

摘要是市场调查报告的内容提要，是整个报告的概括，围绕着调查目的、调查对象、调查内容和调查方法等进行简要陈述。摘要不仅为报告的其余部分规定了切实的方向，同时也使得管理者在评审调查结果和建议时有一个大致的参考框架。

4. 正文

正文是市场调查报告的主体部分，包括调查主题的提出、调查内容的确定、调查问卷的设计、调查方法的选取、调查结果的分析等内容，详细地向报告阅读者呈现调查研究的全过程，使他们能够了解所有调查结果和必要的市场信息。

5. 结论和建议

结论和建议是撰写调查报告的主要目的，是报告阅读者最终关心的问题。这部分包括对整个报告内容的总结、在全面分析的基础之上形成报告结论、提出解决问题的方法和建议以及对未来的展望等。结论和建议应该简明扼要，给阅读者启发和联想。

6. 附件

附件是指调研报告中正文包含不了或没有提及，但与正文密切相关且必须附加说明的部分，它是正文报告的补充或更详尽的说明。附件一般包括以下内容：数据汇总表、统计图表、原始资料背景材料、调查问卷和必要的技术报告等。

案例：

麦当劳实验法

麦当劳为了在中国开店成功，提前四年在中国东北和北京市郊试种马铃薯；并且根据中国人的身高体形确定了最佳的柜台、桌椅的尺寸；还从香港麦当劳空运成品到北京，进行口味测试和分析。为了开北京首家分店，在北京选了 5 个地点反复论证最终才确定下来。

小组讨论：

假如你是麦当劳老总，你会如何选择北京分店的地点？

🛠 任务实施

实训背景：针对我校学生手机消费情况，设计一份调查问卷并在你所在的学校同学中进行调研。

实训要求：撰写调查报告上交给老师，老师进行综合点评。

⊕ 任务反馈

_____

_____

_____

任务二　企业目标市场选择

✎ 试一试

以小组为单位，为学校附近的某家超市做一份周年庆典的促销活动方案。

👤 想一想

为什么商场的产品大多价格定在99元、199元、299元等？

📖 经典赏析

"50＋"超市

在奥地利首都维也纳有专门为50岁以上老人服务的购物场所，其标志为"50＋"超市。"50＋"超市创意很简单，但又很独到。超市货架之间的距离比普通超市大得多，老人可以慢慢地在货架间选货而不会显得拥挤或憋气；货架间设有靠背座椅；购物推车装有刹车装置，后半截还设置了一个座位，老人如果累了还可以随时坐在上面歇息；货物名称和价格标签比别的超市也要大，而且更加醒目；货架上还放着放大镜，以方便老人看清物品上的产地、标准和有效期等。如果老人忘了戴老花镜，可以到入口处的服务台去临时借一副老花镜戴上。最重要的是，超市只雇用50岁以上的员工。对此，一家"50＋"超市经理布丽吉特·伊布尔说："这受到顾客的欢迎，增加了他们的信任感。从中获益的不仅仅是顾客，雇用的12名员工又可以重新获得了工作，他们十分珍惜这份工作，积极性特别高。"

"50＋"超市由于替老人想得特别周到，深受老人欢迎。同时被其他年龄层（例如带孩子的年轻母亲）所接受。"50＋"超市商品的价格与其他没有特殊老年人服务的所有超市一样，营业额却比同等规模的普通超市多了20%。

评一评

1. "50＋"超市进行市场细分的依据是什么？
2. 针对目标消费者，"50＋"超市做了哪些细致的工作来满足消费者的需求？

相关知识

一、目标市场的内涵

任何企业的资源都是有限的，而消费者的需求呈现出无限性和多变性，所以任何企业都不可能满足消费者的需求。那企业要在市场中获得成功，必须要去选择符合发挥自己资源优势的市场作为经营的对象，这就是目标市场的选择，目标市场选择是以市场细分为基础和前提条件的。

（一）市场细分

1. 市场细分的含义

市场细分是企业通过市场调研，依据整体市场上消费者需求的差异性，选定一组标准，将整体划分成在需求上大体相近的若干个市场部分，形成不同的细分市场，从而有利于企业选择目标市场和制定市场营销策略的一切活动的总称。

市场细分对企业来讲非常重要。因为企业尤其是中小企业通过市场细分可能发现大企业没有关注到的市场，拾漏补缺，找到好的市场机会，在激烈竞争中获得发展；另外，企业还可以根据细分市场及时调整产品结构和市场营销组合，有利于企业制定最优的营销战略与策略。

2. 市场细分的依据

消费者在市场细分时要依据一定的细分变量，一般是依据地理、人口、心理和行为四种细分变量来进行市场细分的。

（1）地理细分。地理细分是企业按照市场所处的不同地理位置及其他地理特征（包括城市农村、地形气候、交通运输等）来细分消费者市场。地理细分的具体因素有地理区域、自然气候、资源分布、人口密度、城市大小等。地理细分的依据是处在不同地理位置的消费者对企业产品和服务有不同的需求和偏好，对企业的市场营销策略有不同的反应。企业应该尽可能选择那些自然灾害较少发生、资源丰富、人口密度较大的区域作为市场，以减少企业经营的风险，获取更大的收益。

（2）人口细分。人口细分是企业按照年龄、性别、家庭人数、家庭生命周期、收入、职业、受教育程度、宗教信仰、种族和国籍等人口变量对市场进行的细分。由于人口变量与市场规模相关且易于统计，所以是企业进行市场细分的主要依据。

（3）心理细分。心理细分是企业按照社会阶层、个性、价值观、生活方式和心理动机等心理变量对市场进行的细分。心理变量与市场需求和促销有着极为密切的关系，尤其是在经济发展水平较高的社会中，对购买者的影响更为突出，因此企业要非常重视对市场的心理细分。

（4）行为细分。行为细分是企业按照消费者或使用者购买某种产品的时机、所追求的利益、使用情况、消费者对品牌的忠诚度、待购阶段和对产品的态度等行为变量来细分消费者市场。

① 时机细分。企业可以根据顾客购买或使用产品的时机将他们分类，时机分类有助于提高产品的使用率。例如，企业一般都会利用五一、端午、十一、中秋、元旦和春节等国家法定节假日大做促销，以促进企业销量和销售额的提升。

② 利益细分。不同的消费者在购买同一种商品时，因为他们购买的动机不同，所追求的利益不同，所以呈现出不同的购买特征，企业按此标准对顾客进行的细分就称为利益细分。例如，对购买车的人来讲，有的消费者追求经济实惠，有的消费者追求个性张扬，有的消费者追求耐用实用，有的消费者追求身份地位，因此汽车企业会按照消费者不同的利益追求将汽车分为多种类型，去满足消费者的需求。

③ 使用情况细分。企业可以根据消费者对商品的使用频率来将消费者分为少量使用者、偶尔使用者和经常使用者；也可以按照消费者是否使用商品将其分为未曾使用者、曾经使用者、正在使用者和潜在使用者等。

④ 品牌忠诚度细分。企业可以按照消费者对品牌的忠诚与否以及忠诚程度将消费者分为坚定的忠诚者、动摇的忠诚者、喜新厌旧者、无固定偏好者。企业应该加强对坚定的忠诚者的管理。

⑤ 待购阶段细分。消费者的待购阶段分为知晓、认识、喜欢、偏好、确信、购买六个阶段，企业应该对处于不同待购阶段的消费者采取不同的营销策略。

⑥ 对产品态度细分。消费者对产品的态度可以分为热爱、肯定、冷淡、拒绝和敌意五种，企业应该把精力放在对产品热爱和肯定的消费者身上。

小组讨论：

请回答下列市场是根据什么变量进行的市场细分：

1. 餐饮菜系分为鲁、川、粤、闽、苏、浙、湘、徽八大菜系。
2. 汽车分为高档车、中档车和低档车。
3. 服装分为春装、夏装、秋装和冬装。

3. 市场细分的步骤

市场细分一般遵循以下步骤进行：

（1）进行市场调查。通过市场调查研究找出影响消费者购买决策的变量，再按照重要性将这些影响变量进行排序，找出最重要的几个变量。

（2）着手市场细分。以影响消费者购买决策的几个最重要的变量为依据，对消费者进行市场细分，确定出几个细分市场。

（3）分析细分市场。对划分出来的细分市场进行分析，根据需求及购买特点进行进一步的细分或者合并。

（4）测量细分市场。根据企业所处的内外部环境对细分市场的潜力进行测量，为进一步选择进入哪个或哪些细分市场提供依据。

（二）目标市场选择

目标市场是企业打算进入的细分市场，或打算满足的具有某一需求的顾客群体。企业在众多的细分市场中，究竟决定选择哪一个或哪几个细分市场作为自己的目标市场，是需要根据自己的资源状况和待选细分市场的特点来确定的。

1. 选择目标市场的条件

对于企业而言，不能随意选择一个或几个细分市场作为目标市场，必须对细分市场进行全方位的评估。如果某个细分市场满足下列条件，企业就可以将其选择为目标市场：

（1）市场规模大，潜力足。规模大、潜力足指的是某一细分市场中消费者人数众多，需求未被满足且都具有相当的购买能力，企业进入市场后还有充分挖掘消费者需求和潜力的机会。

（2）市场结构合理，吸引力大。市场结构是某一细分市场内经营者的数量与质量、市场进入与退出的限制、产品销售与供应等状况。一个细分市场如果竞争者数量较少且实力较弱、市场进入退出相对比较容易，产品供应旺盛，则符合结构合理、吸引力大的条件。

（3）企业本身资源与目标能驾驭市场。如果企业在某个细分市场具有明显的资源优势，且该市场的特征符合企业战略目标的要求，企业有足够的实力去驾驭该市场，该市场可以考虑成为目标市场。

2. 制定目标市场营销策略

选择好目标市场以后，企业需要对所选择的目标市场制定市场营销策略。目标市场营销策略分为三类：无差异性营销策略、差异性营销策略和集中性营销策略。

（1）无差异性营销策略。无差异性营销策略是指企业将整个市场作为目标市场，不考虑各个细分市场的特征，只重视各市场的共性，决定只推出单一产品、运用单一市场营销组合，试图在一定程度上满足所有市场消费者的需要。此策略认为消费者的需求应该相同，这种策略对绝大多数产品不适用，不适合企业长期使用。

（2）差异性营销策略。差异性营销策略是企业选择多个细分市场作为目标市场，针对每一个细分市场设计不同的营销组合以适应各市场不同的需要。差异性市场营销策略最大限度考虑到每个细分市场消费者需求差异，对提高消费者满意度、扩大产品销售有重要意义。但是为每个细分市场设计不同的市场营销组合策略需要花费高额的成本，会给企业带来巨大的经济压力。此策略比较适合资金实力雄厚的大企业，对势单力薄的小企业不太适用。

（3）集中性营销策略。集中性营销策略是指企业集中所有力量，以一个或少数几个性质相似的细分市场作为目标市场，实行专业化的生产和销售，试图在较小的细分市场上占有较大的市场份额。集中性营销策略有利于企业在特定的细分市场上通过专业化来获取竞争优势，但是这种策略因为目标市场范围窄，一旦市场情况突变，企业可能陷入困境而存在较大的风险。此策略适合资金实力较弱的小企业或是刚刚进入市场的新企业。

案例：

英国有一家小油漆厂，访问了许多潜在消费者，调查他们的需要，并对市场作了以下细分：本地市场的60%，是一个较大的普及市场，对各种油漆产品都有潜在需求，但是本厂无力参与竞争。另有四个分市场，各占10%的份额。一个是家庭主妇群体，特点是不懂室内装饰需要什么油漆，但是要求质量好，希望油漆商提供设计，油漆效果美观；一个是油漆工助手群体，顾客需要购买质量较好的油漆，替住户进行室内装饰，他们过去一向从老式金属器具店或木材厂购买油漆；一个是老油漆技工群体，他们的特点是一向不买调好的油漆，只买颜料和油料自己调配；最后是对价格敏感的青年夫妇群体，收入低，租公寓居住，按照英国的习惯，公寓住户在一定时间内必须油漆住房，以保护房屋，因此，他们购买油漆不求质量，只要比白粉刷浆稍好就行，但要价格便宜。

经过研究，该厂决定选择青年夫妇作为目标市场，并制定了相应的市场营销组合：

（1）产品。经营少数不同颜色、大小不同包装的油漆。并根据目标顾客的喜爱，随时增加、改变或取消颜色品种和装罐大小。

（2）分销。产品送抵目标顾客住处附近的每一家零售商店。目标市场范围内一旦出现新的商店，立即招徕经销本厂产品。

（3）价格。保持单一低廉价格，不提供任何特价优惠，也不跟随其他厂家调整价格。

（4）促销。以"低价"、"满意的质量"为号召，以适应目标顾客的需求特点。定期变换商店布置和广告版本，创造新颖形象，并变换使用广告媒体。

由于市场选择恰当，市场营销策略较好适应了目标顾客，虽然经营的是低档产品，该企业仍然获得了很大成功。

二、市场定位

企业在市场细分基础上进行目标市场选择，并制定了目标市场营销策略之后，接下来就需要考虑市场定位问题了。科学的市场定位是在竞争中脱颖而出，获得竞争优势的关键。

（一）市场定位的含义

市场定位是企业为了实现特定的经营目标，根据目标市场需求特点并结合企业自身资源条件，塑造企业和产品在目标顾客中的良好形象和确立企业合适的竞争地位。

（二）市场定位的步骤

企业的市场定位工作一般分为三个步骤：

1. 调查研究影响定位的因素

影响定位的因素包括竞争者的定位状况、目标顾客对产品和服务的评价标准以及企业的竞争优势等，企业只有在了解顾客需求、竞争对手和自身优势的情况下，才能找准自己的定位。

2. 选择定位策略

企业在选择定位策略时，一定要明确自身优势所在，以能更好彰显特色，扬长避短。定位策略可以通过对产品定位、消费者定位和竞争定位来实现。

3. 传播定位观念

企业在做出定位决策后，还需要在宣传定位上做足功夫，才能把企业的定位准确地传播给目标消费群体。在宣传定位观念时，企业一定要注意避免宣传定位太低、宣传定位太高以及宣传定位不清等几种误区，给目标群体一个清晰、准确的定位印象。

（三）市场定位方法

1. 产品定位

企业在定位时会考虑根据产品的价格、质量、用途和特色等因素，从而形成不同的市场定位。

价格是产品给消费者的第一印象，因此很多酒店都会根据产品或服务价格来进行市场定位，例如如家酒店将自己定位为经济型酒店，希尔顿酒店将自身定位为豪华型酒店。利用产品使用的场合和用途不同来进行市场定位也是诸多企业定位时的一种选择，例如阿迪达斯定位于运动服饰，而利郎定位于商务服饰。

2. 消费者定位

消费者定位是企业进行市场定位的常用方法。企业可以根据目标消费者在年龄、性别、收入、职业、受教育程度、个性、价值观、宗教信仰、种族等方面的差异，塑造出不同的形象。例如老年公寓定位于为老年人提供幸福、安乐的晚年生活；新东方教育集团最初定位于为大学生出国提供外语培训服务等，都是根据消费者进行定位。

3. 竞争定位

竞争定位是企业根据竞争者的特色与市场位置，结合企业自身发展需要来进行市场定位的方法。竞争定位分为三种形式：避强定位、迎头定位和重新定位。

（1）避强定位。避强定位是指企业把产品定位于目标市场的空白处，这样可以避开市场的激烈竞争，为企业争取一个相对宽松的发展机会。在进行避强定位之前，一定要进行市场细分，发现市场空隙，研究市场空隙的潜在消费者数量，同时从技术上和经济上分析实施避强定位的可行性和合理性。

（2）迎头定位。迎头定位是指企业与在市场上占据支配地位的，也就是最强的竞争对手采取正面冲突的定位方式。采取此种方式会有较大的风险，因为有可能会使双方两败俱伤。但是如果和对方势均力敌或者较对方略占上风，有不少企业愿意采取这种方式，因为企业主认为这是一种更能激励自己奋发向上的可行策略。实行迎头定位策略，必须知己知彼，尤其是需要对双方实力进行准确评估，否则很有可能以卵击石，给企业带来颠覆性的灾难。

（3）重新定位。重新定位是指随着企业竞争环境的变化，企业重新调整自己的定位策略，以适应新的竞争态势的需要。当消费者的偏好发生变化或者是竞争对手的竞争战略发生变化导致本企业市场占有率严重下滑时，一定要进行重新定位。

事实上，现实中企业市场定位都不是使用唯一一种方法，而是综合使用多种方法，以求能更完美地体现企业及产品形象。

案例：

派克的重新定位

派克钢笔在美国乃至世界都鼎鼎有名，是财富的象征，是有权人和有钱人互赠的礼品。它的价值不仅表现在体面和耐用上，同时也是收藏的珍品。它集高贵、典雅、精美和贵重于一身，平民一般不敢问津。

但是若干年前，美国派克突发奇想决定要谦虚一把，从豪门贵族走出来，一头扎进平民窝里想尝尝寒酸的滋味，自贬身价，投怀送抱于寻常百姓家。

从此，有身份的人开始对它冷眼相待，再也不肯用高贵的手触摸它。而平民也对它并不钟爱，就好像粗人选老婆，要的是中用结实能下地劳动的，猛地来了一位公主，反而不知道从何下手了。于是派克钢笔被冷落了。

派克钢笔想过一把平民瘾，在销售上创造奇迹，结果却差点破产。值得庆幸的是，派克公司痛定思痛，重新回到原来的定位上。

三、决定企业市场营销组合

企业的市场营销组合是指企业为满足目标顾客的需要，实现企业的经营目标，针对目标市场的特点对可控制的变量加以组合。常见的市场营销组合包括产品（Product）、价格（Price）、渠道（Place）和促销（Promotion），简称4P。

📺 知识拓展

市场营销新理论的发展

市场营销组合理论经历了4P理论、4C理论、7P理论、10P理论、4R理论、4S理论和4V理论。

4P理论：产品（Product）、价格（Price）、渠道（Place）和促销（Promotion）。

4C理论：消费者（Consumer）、成本（Cost）、便利（Convenience）和沟通（Communication）。

7P理论：在原来4P理论的基础上又增加了3P，这3P包括参与者（Participants）、物质环境（Physical Environment）和过程（Process）。

10P理论：在原来4P理论的基础上又增加了6P，这6P包括政治权力（Political Power）、公共关系（Public Relation）、探查（Probing）、分割（Partitioning）、优先（Prioritizing）和定位（Positioning）。

4R理论：关联（Relevance）、反应（React），关系（Relation）和回报（Return）。

4S理论：满意（Satisfaction）、服务（Service）、速度（Speed）和诚意（Sincerity）。

4V理论：差异化（Variation）、功能化（Versatility）、附加价值（Value）和共鸣（Vibration）。

管理窜货

窜货是分销商受利益驱动，让所经销的产品跨区域销售，造成价格混乱，从而使其他分销商对产品失去信心，消费者对品牌失去信任的营销现象。分销商恶性窜货会给企业生产造成巨大危害，会扰乱生产企业整个分销网络的价格体系，易引发价格战，降低利润，甚至会引起失去消费者信任的严重后果。因此管理窜货是渠道管理中非常重要的内容，主要的方法有：① 建立"预报警系统"制度；② 保持渠道一体化、扁平化；③ 约束合同化；④ 包装差别化；⑤ 价格体系化。

任务实施

1. 实训背景："今年过年不收礼，收礼只收脑白金"是一句大家非常熟悉的广告语。

实训要求：从这句广告语中，简单地评价一下脑白金的定位根据是什么？它的定位成功吗？为什么？

2. 实训背景：把梳子卖给和尚，销售定位准确吗？

实训要求：回答并且分析原因，各小组以 PPT 的形式展示结果。

任务反馈

_____

_____

_____

任务三　市场营销组合

试一试

请分析：日本资生堂是一家生产化妆品的著名企业，然而，其负责人却说：本公司推销的不是化妆品，而是美丽。

想一想

有一个出版商，因生意萧条，一天，他找到总统，问总统送给他看的那本书怎样？日理万机的总统随口答道："可以"，于是他借机打出广告：本出版社有总统认为"可以"的书出售，于是存书一卖而光。过了一段时间，他又遇到这样的难题，于是他又找到总统，总统因为上次的原因，就说不好，于是该出版商又大造舆论，说有总统认为不好的书出售，于是存书一扫而光。又过了一段时间他又遇到同样的难题，于是他又找到总统，这一下总统只好沉默不语，于是该出版商又大造舆论说"本社有总统感到为难的书出售"，于是存书又一扫而光。

经典赏析

走进营销

不要给我衣服，我要的是迷人的外表。

不要给我鞋子，我要的是两脚舒服，走路轻松。

不要给我房子，我要的是安全、温暖、洁净和欢乐。

不要给我书籍，我要的是阅读的愉悦与知识的满足。

不要给我磁带，我要的是美妙动听的音乐。

不要给我工具，我要的是创造美好物品的快乐。

不要给我东西，我要的是想法、情绪、气氛、感觉和收益。

请，不要给我东西。

相关知识

企业在确定了目标市场并进行了市场定位后，就要设计正确的市场营销组合方案，以便达到企业预期的目标。

市场营销组合是指企业为满足目标顾客的需要，实现企业的经营目标，针对目标市场的特点而加以组合的可控制的变量。

市场营销组合中包含的可控制的变量很多，可以概括为四个基本变量，即产品、价格、渠道、促销，简称4P。

一、产品策略

（一）产品的整体概念

1. 产品的狭义（传统）概念

产品是指人们在生产过程中创造的、具有某种特定的物质形态和具体用途的劳动生产物。

2. 产品的整体概念

产品是指能提供给市场，用于满足消费者某种需要或欲望的任何事物。包括产品实体、服务、场所、组织、思想、主意、策划、计谋等。

3. 产品整体概念的层次构成

（1）核心产品。又叫实质产品，是指产品能为消费者带来的基本利益和效用，是消费者购买的核心所在。

（2）形式产品。又叫形体产品，是消费者所需要的产品实体的具体外观。一般通过产品款式、质量水平、品牌、包装等反映出来。

（3）附加产品。又叫延伸产品，是指消费者因购买产品所得到的附加服务和附加利益的总和。

美国市场营销专家莱维特指出："现代竞争的关键，并不在于各家公司在其工厂中生产什么，而在于它们能为其产品增加些什么内容——诸如包装、服务、广告、用户咨询、融资信贷、及时送货、仓储以及人们所重视的其他价值。每一公司应寻求有效的途径，为其产品提供附加价值。"

核心产品、形式产品和附加产品作为产品的三个层次是不可分割、紧密相连的，它们共同构成了产品整体概念。这一概念充分体现了以消费者中心的现代营销观念要求。

（二）产品策略

1. 产品组合策略

（1）扩大产品组合。扩大产品组合的方法有两种：一是在原产品组合中增加产品线，扩大企业经营范围；二是加强产品组合的深度，即在原有产品线内增加新的产品项目。扩大产品组合，有利于企业充分利用现有资源，分散经营风险，增强竞争能力。

（2）缩减产品组合。当市场环境不景气或原材料、能源供应较为紧张时，企业可考虑缩减产品组合，剔除那些获利很小甚至无利可图的产品线或产品项目，使企业集中资源生产获利较高的产品，反而会使总利润上升。

（3）产品线的延伸。产品线延伸是指突破原有经营档次的范围，改变企业原有产品市场定位的方法。产品线延伸的策略有三种：向下延伸、向上延伸和双向延伸。向下延伸是指原来定位于高档市场的企业逐渐增加一些中、低档次的产品。向上延伸是指原来定位于中、低档市场的企业，增加高档产品的生产。双向延伸是指原来定位于中档市场的企业，在具备一定实力后，将产品线逐渐向高档和低档两个方向同时延伸。

2. 产品生命周期与营销策略

所谓产品生命周期，就是指产品从试制成功、投放市场开始，直到被市场淘汰退出市场的全过程。研究产品生命周期理论有着特别重要的意义，它可以帮助企业正确判断不同产品的销售趋势，有助于企业制定正确的产品策略以及各种市场营销策略，想方设法延长产品的生命，从而提高企业的经济效益。

产品生命周期各阶段的特点及相应的营销策略：

（1）投入期的特点与营销策略。一种新产品开始投入市场进行试销的时候，称作投入期，这一阶段的特点是：产品刚进入市场，消费者对产品不了解，销量小，单位产品成本高；广告费用和其他营销费用开支较大；产品技术性能不够完善；通常出现亏损现象。因此，在这个阶段企业的市场风险较大。

投入期企业的营销重点，是把握一个"快"字。一般有四种可供选择的策略：

① 双高策略。这一策略的特点是以高价格和高促销费用推出新产品，以期尽快收回投资。这种策略的适用条件是：产品确有特点，有吸引力，但知名度还不高；市场潜量很大，并且目标顾客有较高的支付能力；面对潜在竞争者的威胁，急需先声夺人，尽快树立名牌威望。

② 高价低促销策略。这一策略的特点是以高价格低促销费用推出新产品，目的是以尽可能低的费用开支，取得最大的收益。此策略的适用条件是：市场规模有限；产品有一定的知名度；目标顾客愿支付高价；潜在的竞争并不紧迫。

③ 低价高促销策略。即企业以低价格高促销费用推出新产品，以争取迅速占领市场，然后再随销量和产量的扩大将产品成本降低，取得规模效益。这种策略的适用条件是：市场容量大，但消费者对该产品还不了解；消费者对产品价格特别敏感；潜在竞争的威胁严重；新产品成本能因生产规模的扩大和生产经验的增加而降低。

④ 双低策略。即企业以低价格低促销费用推出新产品。低价格可扩大销量，低促销费用可降低营销成本，增加利润。这种策略的适用条件是：市场容量较大，潜在消费者熟悉该产品；消费者对价格十分敏感；存在某些潜在竞争者，但威胁不大。

（2）成长期的特点与营销策略。当产品经过试销逐渐为市场所接受，上市量增加，销售越来越好的时候，产品就进入成长期。这一阶段的特点是：产品基本定型、技术工艺及设备趋于成熟配套，产量激增，成本下降，利润额迅速提高。这一时期该产品已具有相当的市场占有率。但是在高额利润的吸引下，生产和经营这种产品的厂家逐渐增多，市场竞争渐趋激烈。原来的生产厂家的地位受到严峻挑战。在产品的成长期，企业营销的核心是把握一个"长"字。

具体说来，可以采取以下营销策略：提高产品质量，增加新的功能、特色和款式；开拓新市场和增加新的分销渠道；加强品牌宣传。广告宣传要从介绍产品转向树立产品形象，争取创立品牌；选择适当时机调整价格，吸引对价格敏感的顾客，提高本企业产品的竞争力。

（3）成熟期的特点与营销策略。当产品已经基本普及并开始在市场上呈现饱和状态时，表明产品进入成熟期。这一阶段的特点是：产品的销售量、利润额达到最高峰，销售增长速度缓慢或呈稳定状态；企业内部生产管理趋于完善，机器、劳动力得到最佳利用，产品成本降到最低程度，产品供需达到平衡，甚至供过于求，市场进入饱和状态，竞争最为激烈，为了进行竞争，企业又投入大量的推销费用；在这个阶段后期，销售量和利润额开始下降。鉴于上述情况，成熟期有三种策略可供选择：

①产品改革策略。即对产品进行某些改进，使之在功能、规格、包装等方面有所变化，以吸引新的消费者，达到延长产品成熟期的目的。

②市场改革策略。即开发新市场、寻求新用户。通常有三种方式：一是开发产品的新用途，寻求新用户；二是刺激老用户，增加重复购买；三是重新为产品定位，寻求新的买主。

③营销组合改革策略。这是指运用定价、渠道、促销组合方式等延长产品的成熟期。

（4）衰退期的特点与营销策略。由于同类新产品不可遏制地占领了市场，本企业产品竞争力不断下降，使产品的生命周期进入衰退期。这一阶段的特点是：该产品已经陈旧和老化，产品已不再适应市场需求，销售量急剧下降，产品积压，价格下跌，效益不佳。而那些新型的优质产品已全面占领了市场。因此，企业可采用如下营销策略：

①集中策略。企业应缩小经营范围，把人力、物力、财力集中到最有利的产品上去，从最好的目标市场和销售渠道上获得较多的利润。

②持续策略。即保持原有的细分市场，沿用以往的营销策略，以低价策略将销售维持在一个低水平上，待到适当时机，再退出市场。

③榨取策略。采用赚一点算一点的方式，在产品的淘汰过程中获取一定效益。

④转移策略。企业停止处于衰退期商品的生产，将生产转移到发展新产品上去，以争取市场形势的转机。

3. 新产品开发的策略

（1）挖掘产品功能策略。所谓挖掘产品功能策略，就是通过赋予老产品新的功能、新的用途，使老产品获得新生而重占市场。

（2）挖掘顾客需求策略。顾客需求主要有两种，一种是眼前的现实需求，另一种是潜在的需求，企业在开发新产品时，应该把力量放在捕捉、挖掘顾客潜在需求方面，并能善于以生产促消费，主动为自己创造新市场。

（3）开发边缘产品策略。所谓开发边缘产品策略，就是开发跨行业的多功能产品策略，如以纸代替布的纸桌布，既可书写又可计时的电子笔等。

（4）利用别人优势的开发策略。所谓利用别人优势的开发策略，就是善于利用别人的优势（花钱买），为发展本企业的新产品服务。

（5）满足好奇心的开发策略。所谓满足好奇心的开发策略，就是针对一般人都有好奇心的特点，开发既能满足人们的好奇心理又具有一定使用价值产品的方法。

4. 品牌策略

（1）品牌建立策略。所谓品牌建立策略，就是指是否为企业的产品创立品牌的决策。

（2）品牌归属策略。所谓品牌归属策略就是指企业在决定使用品牌之后，就产品品牌归属问题所做的决策。品牌的归属有三种选择：

① 制造商品牌，即制造企业采用自己的品牌。

② 中间商品牌，又叫经销商品牌。指制造企业把产品批发给中间商，由中间商使用自己的品牌把产品推销出去。

③ 混合品牌，即企业一部分产品采用自己的品牌，另一部分则采用中间商的品牌。

（3）品牌质量策略。所谓品牌质量策略，就是指企业为不同质量的产品建立不同的品牌，并为其确定相应市场位置的决策。

（4）家族品牌策略。所谓家族品牌策略，就是企业在决定使用自己的品牌之后，面临着选择品牌名称的决策。一般有以下四种策略可供选择：

① 个别品牌。就是企业生产的每种产品分别采用不同名称的策略。

② 统一品牌。就是企业生产的所有产品都采用一个品牌的策略。

③ 分类品牌。就是企业生产的各类产品采用分别命名的策略，每一类产品使用一个品牌。

④ 企业名称加个别品牌。就是在每一品牌名称前冠以企业名称，以企业名称表示产品出处，以品牌名称表示产品的特点的策略。

（5）品牌革新策略。所谓品牌革新策略，就是指根据经营条件的变化，企业对原有的品牌、商标进行更新或修改的策略。

5. 包装策略

（1）类似包装策略。所谓类似包装策略，就是企业所生产的各种产品均使用相同的包装，或在所有包装上使用共同的特征，如同一颜色、同一图案等，使消费者容易意识到是同一企业产品的策略。

（2）不同包装策略。所谓不同包装策略，就是企业不同的产品不同包装的策略。

（3）配套包装策略。所谓配套包装策略，就是把使用时互有关联的多种产品组合装入一个包装物中，同时出售的策略。

（4）等级包装策略。所谓等级包装策略，就是企业把所有产品按品种和等级分别采用不同等级包装的策略。

（5）再使用包装策略。所谓再使用包装策略，就是将商品包装物回收使用或移作他用的策略。

（6）附赠品包装策略。所谓附赠品包装策略，就是在商品包装物内附赠奖券或实物，以吸引消费者购买的策略。

（7）改变包装策略。所谓改变包装策略，就是当包装出现由于包装原料差、设计落后、产品销量减少、包装款式陈旧等问题，难以实现促销目的时，采用改进包装设计，用改换包装的办法来达到扩大销售目的的策略。

二、定价策略

所谓定价策略，就是指企业为达到总体经营目标，根据产品的特点、市场供求及竞争状况、产品成本变动状况和消费者行为倾向等所采取的各种定价技巧和措施。

（一）新产品定价策略

1. 取脂定价策略

所谓取脂定价策略，就是指在产品生命周期的最初阶段，把产品的价格定得很高，以赚取最大利润的一种定价技巧和措施。取脂本意是指从牛奶中撇取奶油，在此比喻赚取利润。所以又称为高价厚利策略。取脂定价策略利用消费者的求新心理，其优点是：可以树立新产品高档优质的形象，容易激发追求优质新潮消费者的购买心理，并为以后降低产品价格留下余地，使企业掌握调价主动权。其缺点是：价格过高易使消费者望而生畏，不利于企业开拓市场；产品价高利大，也容易诱使大批竞争者进入。作为一种短期的价格策略，较适用于技术独特、难以仿效、生产能力不易迅速扩大等特点的新产品。

2. 渗透定价策略

所谓渗透定价策略，就是指企业以微利、无利甚至亏损的低价全力推出新产品，以达到在短时间内迅速打开销路，尽快占领市场目的，在获得对市场的一定控制之后，根据情况变化，再采取逐步提高价格的一种定价技巧和措施。其目的在于使新产品迅速向市场渗透，通过牺牲短期利益来取得巨额销售量和市场占有率。其优点是：运用价格优势争取用户，可以迅速占领市场，并能有效地排斥竞争者加入。其缺点是投资回收期较长，降低价格的回旋余地较小。

3. 满意定价策略

所谓满意定价策略，就是指企业为产品制定不高不低的价格，既能对消费者产生一定的吸引力，又能使企业弥补成本后还有盈利，以使企业和消费者双方都满意的一种定价技巧和措施。采用满意定价策略的优点是：适中的价格被认为是合情合理的，能较快被市场接受，消费者也比较满意；可以避免不必要的竞争；价格在弥补成本后还有盈利，使生产经营者也能收回投资，为企业对产品进一步改进并稳步调价奠定了基础。但这种策略是将产品消极地推向市场，企业往往难以灵活适应瞬息万变的市场。

（二）折扣定价策略

所谓折扣定价策略，就是指企业出售产品时，在基本价格的基础上再给购买者一定价格优惠的一种定价技巧和措施。

1. 现金折扣

所谓现金折扣就是指购买者如果按约定日期付款或提前付款，可按商品基本价格享受一定数量折扣的一种定价技巧。目的在于鼓励消费者及时交付全部货款，以加速企业资金周转。

2. 数量折扣

所谓数量折扣，就是指对购买产品达到一定数量的消费者给予一定价格折扣的一种定价技巧。其实质就是把消费者大量购买时企业节约的一部分销售费用以价格折扣的形式退还给消费者。数量折扣的具体形式有两种：一种是累计数量折扣，即在一定时期内，对消费者购买商品的数量进行累计，规定购买达到若干数量等级时，给予若干等级折扣，一般是累计购买数量越大，折扣就越多。其目的既能鼓励消费者大量购买，以扩大产品销量，也有利于与消费者或客户建立长期固定的合作关系，减少企业的经营风险。另一种是非累计数量折扣，即对消费者购买商品的数量不逐笔进行累计，仅根据一次购买数量的多少给予一定的价格折扣，一般是购买越多，折扣越大。

3. 功能折扣

所谓功能折扣，就是指企业根据各类中间商（批发商、零售商）在营销活动中所执行的功能不同，分别给予不同折扣的一种定价技巧。目的是为了调动中间商的推销积极性。

4. 季节折扣

所谓季节折扣，就是指对那些购买过季产品的消费者给予价格优惠的一种定价技巧。其实质是把商品存储任务交给了买主，目的是为了均衡生产，均衡上市，节约仓储费用。

（三）差别定价策略

所谓差别定价策略，就是企业对同一产品在不同地区、不同时期或不同用户确定不同价格的一种定价技巧。例如季节差价、地区差价、批零差价等。采用差别定价策略的目的是：占领更广泛的市场或有意识地开辟新的市场，给部分用户以优惠价格可以建立长期稳定的交易关系，保证企业均衡生产或经营。

（四）地理定价策略

所谓地理定价策略就是指企业根据产品特点和买方所在地区的市场状况、运输费用等情况，为不同地区的买主制定不同价格的一种定价技巧。具体形式有：

1. 产地交货价格（提货价格）

就是在卖主所在地的某种运输工具上交货的价格，也称"离岸价格"。按这种方式，卖主支付把商品装上运载工具的费用，在装货地点把商品所有权转让给买主，由买主承担运费和运输中的风险。其优点是可以相对减轻销售企业在交易中的风险；其缺点是要冒可能失去远方客户的危险，因为远方客户需承担较大的运输费用和风险。

2. 目的地价格（交货价格）

就是在商品产地价的基础上再加上由卖方负担的、在商品到达目的地之前的运输、搬运、保管等费用而形成的价格。此种价格虽然略高，但方便了买主，减少了买主运输商品所要承担的风险，因此买主一般都乐于接受。

3. 统一交货价格

就是不管买主距离远近均制定相同的出售价格。优点是有利于巩固销售企业的市场地位，也较易获得客户好感，还方便买者比较其他供应者的价格。

4. 区域定价

就是指企业把整个市场分为几个区域，每一个区域实行一种销售价格。实质上，区域定价是统一交货价格的一种新形式，能够较为合理地分摊运输费用。

（五）心理定价策略

所谓心理定价策略，就是企业为迎合消费者心理需要而采取的一种灵活定价措施。

1. 尾数定价

就是把商品价格以零头数结尾。如商品定价0.99元而不定1元，定9.97元而不定10元等。从消费者心理分析，一般消费者往往认为尾数价格是经过企业精密计算的，产生一种真实感、信任感，并认为商品价格便宜。尾数价格有利于扩大商品销售，但是，这种方法对熟悉市场情况的消费者作用不大，且给计价、收款带来麻烦。一般来说，日用消费品可采用此方法。

2. 整数定价

就是把商品价格定成整数，不要零头。如电视机1000元/台，汽车98000元/辆等。把商品价格定成整数，能使人产生"档次高"的印象，提高商品身价，反而有利于商品销售。一般来说，耐用消费品或高档商品可采用此方法。

3. 声望定价

对市场上有一定声望的名牌商品，有意把商品价格定得较高。因为一些崇尚名牌的消费者往往以价格来判断质量，认为一分价钱一分货，高价格代表高质量。同时，把价格定得高些，还能满足一部分消费者的炫耀心理，有利于商品销售，当然，声望定价一是必须质价相符，不能随意欺骗消费者；二是价格不能高得离谱，以免失去消费者信任。

4. 习惯定价

许多日用消费品，由于经常使用，在消费者心目中形成了一种价格习惯，这类商品的价格一般就不能轻易变动。因为如果定价高于习惯价格，可能引起"涨价"的社会反响，消费者往往难以接受；如果低于习惯价格，又可能引起是否货真价实的怀疑。如果必须变价，应向消费者加强宣传，讲清理由，避免负面影响，或采用某种变通手段。

5. 招徕定价

所谓招徕定价，就是利用消费者的求廉心理和投机心理，以较低的价格（特价）吸引消费者购买商品的一种定价技巧。零售商为了有效地吸引消费者进店，有意把少数几种商品价格定低些，甚至低于成本，借以吸引消费者，达到连带销售其他商品的目的。也就是通过优惠极少数商品达到推销绝大多数商品的目的。节日期间的优惠酬宾、换季"大甩卖"等，即属此类情况。但实行这种定价方法，第一，降价应有吸引力；第二，降价应有时间限制；第三，特价品要经常变换；第四，经营的规模要大，否则不能达到经营目的。

三、渠道策略

（一）分销渠道的含义和类型

所谓分销渠道，就是指某种产品和服务在从生产者向消费者转移过程中，取得这种产品和服务的所有权或帮助所有权转移的所有企业和个人。因此，分销渠道包括了商人中间商和代理中间商，此外还包括处于渠道起点和终点的生产者和最终消费者或用户。但是不包括供应商、辅助商。

（二）分销渠道的类型

1. 分销渠道的层次

分销渠道可根据渠道层次的多少数目来分类。在产品从生产者转移到消费者的过程中，任何一个对产品拥有所有权或负有推销责任的机构，就叫做一个渠道层次。

零渠道通常叫做直接分销渠道。所谓直接分销渠道，就是指产品在从生产者流向最终消费者的过程中不经过任何中间商转手的分销渠道。（如制造商—消费者）。

一层渠道含有一个营销中介机构。在消费者市场，这个中介机构通常是零售商；在产业市场，则通常是销售代理商或佣金商。（如制造商—零售商—消费者）。

二层渠道含有两个营销中介机构。在消费者市场，通常是批发商和零售商；在产业市场，则通常是销售代理商和批发商。（如制造商—批发商—零售商—消费者）。

三层渠道含有三个营销中介机构。通常有一专业批发商处于批发商和零售商之间，该专业批发商从批发商进货，再卖给无法从批发商进货的零售商。（如制造商—批发商—专业批发商—零售商—消费者）。

更高层次的分销渠道较少见。

2. 分销渠道的宽度

所谓分销渠道宽度，就是指渠道的每个层次使用同种类型中间商数目的多少。这主要取决于企业希望产品在目标市场上扩散范围的大小。对此，有三种可供选择的策略。

（1）普遍性分销策略。所谓普遍性分销策略，就是生产者在同一区域市场内各个层次的中间环节中，广泛选择尽可能多的中间商来推销其商品的销售策略。它适合于价格低廉、差异性不大的日用消费品，或生产资料中普遍使用的小工具等的销售。因为顾客购买这类商品主要的要求是购买方便。

（2）选择性分销策略。所谓选择性分销策略，就是生产者在同一区域市场内各个层次的中间环节中，选择少数中间商来推销其商品的销售策略。它一般适用于那些选择性较强的日用消费品和专业性较强的零配件以及技术服务要求较高的商品的经营。

（3）专营性分销策略。所谓专营性分销策略，就是生产者在同一区域市场内某一层次的中间环节中，仅选择一家中间商来推销其商品，并规定该中间商不得再推销其他同类商品的销售策略。它一般适用于新产品、名牌产品以及有某种特殊性能和用途的产品。采用专营性分销策略，通常都要求生产者和经营者签订书面协议来保证彼此之间的权利和义务。如规定生产者不得把同类商品委托给本区域内其他中间商经营；经销商则不得经营其他生产者的同类产品等。

（三）影响分销渠道选择的因素

1. 产品因素

（1）产品单位价格的高低。一般地说，单位价格高的产品，宜选择流通环节少的短分销渠道或直接渠道较为有利，产品单位价格低，则宜采用长、宽的间接分销渠道销售。

（2）产品的体积与重量。体积过大或过重的商品，为减少运输和仓储费用，宜选用少环节的短渠道。有些产品重量虽轻但体积很大，也适宜采用短分销渠道。

（3）产品的易腐、易毁性。易腐、易毁或有效期短的商品，应尽量缩短营销渠道，迅速把商品出售给消费者。

（4）产品的时尚性。凡产品的式样或款式变化比较快的，一般宜采取少环节的短渠道，避免因时尚变化引起产品的过时，造成积压。

（5）产品的技术性与服务要求。凡技术性较强而又需要提供售前、售中、售后服务的商品，企业应尽量直接卖给消费者，或采取短而窄的渠道，以便于企业销售人员、技术人员当面介绍产品，提供必要的服务。

（6）产品的标准性和专用性。用途广泛、具有固定的品质、规格和式样的产品，可用间接分销渠道，由中间商出售。专用性强的商品，以不经过中间环节为好。

（7）产品的市场生命周期。处于不同生命周期阶段的产品，渠道也应有所不同。对处于投入期或成长期的新产品，生产企业一般采用设专柜、试销门市部等形式进行直接销售。如果中间商推销得力，也可考虑采用间接销售。处于成熟期的产品，以间接渠道销售的居多。产品进入衰退期后，则应考虑缩减中间商。

（8）商品的季节性。对季节性生产、常年消费的产品，或常年生产、季节性消费的产品宜采用长渠道、多环节，充分发挥中间商的作用，保持生产的连续性和供应的不断档。

2. 市场因素

（1）市场范围与密集度。市场范围大，需求量多的商品，需要中间商提供的服务较多，一般要经过批发商再供应给零售商，由零售商出售给消费者，采取长而宽的分销渠道较合适；反之，市场范围小，需求量较少的商品，可由生产者直接供应给用户或消费者，选择直接分销渠道或短而窄的渠道较合适。

（2）市场的地区性。如果市场较集中，顾客集中分布在一个或少数几个地区，可考虑设点直接销售；而顾客分布很分散的，则应通过中间商，选择间接销售。

（3）市场的竞争性。根据竞争需要，分析竞争对手的实力，灵活选择渠道，或同类商品采用同样渠道进行针锋相对地竞争，或避其锋芒另辟渠道占领市场。

（4）市场销售量大小。如果企业的产品销售量不大，不宜直接销售，由少数中间商帮助推销比自己直接推销不但节省销售费用，同时效果也佳；如果企业产品销售量很大，除主要利用中间商以外，必要时也可以自己推销部分产品。

3. 企业本身的因素

（1）企业生产经营能力。企业规模较大，资金雄厚，生产经营能力强的，一般可以自由地选择销售渠道，甚至建立自己的直销渠道，采取产销合一的短渠道经营；相反，生产能力差，资金薄弱的企业，则需借助中间商。

（2）企业销售经验和服务能力。具有丰富销售经验和较强服务能力的企业，可考虑直接渠道或短而窄的渠道，否则就应选择间接渠道，利用中间商进行销售。

（3）企业的声誉。声誉是生产者与经营者选择对方的一个重要的条件，有声望、实力较强的中间商，往往在挑选生产者方面占优势。只有那些产品质量好、销路好、企业声誉好的生产者，中间商才愿意为其服务。同样，有声望、实力较强的生产者，往往在挑选中间商方面占优势，只有那些推销能力强、销售经验丰富、企业经营信誉好的中间商，生产者才愿意将商品提供给他销售。

（4）企业市场信息的收集能力。如果企业收集市场信息的能力弱，缺乏对消费者或用户的了解，应利用中间商来销售产品；相反，可采取直接分销渠道。

4. 其他因素

商品销售渠道的选择除受上述因素影响外，还受其他一些因素影响，如交通运输条件，国家对有关商品的购销政策、价格政策、有关的法令和条例，以及管理体制改革等方面的因素，都会影响分销渠道的选择。

（四）分销渠道的管理

1. 选择渠道成员

生产者在招募中间商时，常处于两种极端情况之间。第一种情况是生产者毫不费力就找到特定的中间商，并让他为其服务。第二种情况是生产者必须费尽心思才有可能找到比较符合要求的中间商。

不论生产者遇到哪一种情况，他都必须对中间商进行慎重选择。一般来说，应考虑的因素主要有：

（1）中间商的信誉和知名度。中间商信誉的高低，直接关系到企业产品销量的大小，中间商的信誉越高，商品销量越大。因此，企业应将信誉较高的中间商作为自己的选择对象。

（2）中间商的实力。中间商的实力包括资金、人员素质、营业面积、仓储和运输能力等。一般来说，中间商的实力越强，销售成功的概率也就越大。生产企业应首先选择实力较强的中间商。

（3）对企业产品的熟悉程度。指中间商对企业产品的性能、用途、保养等方面知识的了解程度。中间商越熟悉企业的产品，就越可能在经营中取得成功。在同等条件下，企业应考虑使用对本企业产品熟悉程度较高的中间商。

（4）预期合作程度。中间商与生产企业合作关系处理的好坏，直接影响企业产品的销售。中间商如能同生产企业密切合作，将会大大提高产品销量。生产企业在挑选中间商时，应重视这一因素。

2. 激励渠道成员

由于中间商是一个独立的经营者，他并不是受雇于生产者，因此，必然有他自己的目标、利益和策略。而且由于中间商与生产者所处的地位不同，考虑问题的角度也必然不同，这就会产生矛盾。所以，如何处理好产销矛盾，让中间商能努力为生产企业推销商品，是激励渠道成员的重要手段。

对渠道结构中的中间商，应以激励为主。促使中间商进入渠道的因素和条件已构成部分的激励因素，但要调动中间商更大的积极性，生产者还需要采取一些行之有效的激励措施，主要有：

（1）提供适销对路的优质产品；

（2）共同搞好推销，如刊登广告，引导顾客去购买，举办商品展销，培训销售人员等；

（3）商品数量充足，价格合理，必要时做适当的让利；

（4）帮助中间商改进经营管理；

（5）减少中间商风险，如允许商品销售后付款，对不合格及残损商品予以退换，提供相应的维修、安装、使用服务等。

生产者必须尽量避免激励过分与激励不足两种情况。所谓激励过分，就是生产者给予中间商的优惠条件超过了他取得合作与努力水平所需的条件，其结果是销售量提高，而利润量下降。所谓激励不足，就是生产者给予中间商的条件过于苛刻，以致不能调动中间商努力推销的积极性，其结果是销售量降低，利润量减少。

3. 协调与渠道成员的关系

生产者在处理他与中间商的关系时，常依不同情况而采取不同的形式，通常有：

（1）合作。生产者与他们的中间商建立合作关系，一般采取两方面措施：一方面利用高利润、特殊优惠、合作推销折让、销售竞赛等办法，激励中间商的推销热情和工作积极性；另一方面对表现不好或工作消极的中间商，则降低其利润率、推迟发货甚至终止合作关系。

（2）合伙。生产者通过与中间商签订协议，建立起一种"利益共享、风险共担"的合伙关系。在协议中必须明确双方的责任和权利，如规定中间商的市场覆盖面，市场潜量，以及应提供的市场信息和咨询服务等，根据协议情况对中间商支付报酬。

总之，产销双方是既相互依存又相互对立的关系，生产企业对中间商应贯彻"风险分担，利益共担"的原则，减少和缓和产销之间的矛盾，双方密切协作，共同搞好营销工作。

4. 评估渠道成员

生产者除了选择和激励渠道成员外，还必须定期评估他们的绩效。如果某一渠道成员的绩效过低，达不到既定标准，就须找出主要原因，并考虑可能的补救办法。当放弃或更换中间商将会导致更坏的结果时，生产者则只好容忍这种令人不满的局面。

当不至于出现太坏的结果时，生产者必须要求营销工作成绩欠佳的中间商在一定时期内有所改进，否则就终止与他的各种合作关系。

四、促销策略

（一）促销的概念

所谓促销，顾名思义就是促进销售，就是指企业为了打开市场、扩大产品销售，把有关本企业产品和服务的信息，通过相适应的方式和手段，向目标顾客传递，促使其了解、熟悉、信赖企业的产品和服务，从而达到激发顾客购买欲望，促成顾客购买行为的一系列活动。

（二）促销的方式

促销的方式分为人员推销和非人员推销，非人员推销又包括广告、营业推广、公共关系三种形式。

1. 人员推销策略

含义：人员推销是指企业通过派出销售人员与一个或一个以上可能成为购买者的人交谈，作口头陈述，以推销商品，促进和扩大销售。

形式：可以建立自己的销售队伍，使用本企业的销售人员来推销；可以使用合同销售人员，按代销额付给佣金。

特点：注重人际关系；有较大的灵活性；针对性强；能实现潜在交换；利于了解市场；用于竞争激烈的情况和销售价格昂贵的商品。

人员推销策略的内容：

（1）明确人员推销在企业市场营销组合中的地位，为销售人员制定出适当的销售活动组合。

（2）根据企业资源条件和销售预算等确定销售队伍的规模。

方法：销售百分比法；分解法；工作量法。

（3）根据顾客、产品和销售区域分配资源和时间：

① 时间安排（顾客方面）；

② 资源配置（产品方面）。

（4）对销售活动（任务）进行组织激励和控制：

① 销售区域设计；

② 销售人员的挑选；

③ 销售人员的激励和评价：销售定额和佣金制度。

2. 非人员推销策略

（1）广告策略。广告是由明确的发起者以公开支付费用的做法，以非人员的任何形式，对产品、服务或某项行动的意见和想法等的介绍。

（2）营业推广策略。营业推广指企业运用各种短期诱因，鼓励购买或销售企业产品或服务的促销活动。是除了人员推销、广告、宣传以外的、刺激消费者购买和经销商效益的各种市场营销活动。

（3）公共关系策略。公共关系是指发起者无须花钱，在某种出版媒体上发布重要商业新闻、或者在广播、电视中、银幕上、舞台上获得有利的报道、展示、演出，用这种非人员形式来刺激目标顾客对某种产品、服务或商业单位的需求。

项目小结

本项目对市场营销与销售的关系展开论述，点明了市场营销不等同于销售。它们是全局与局部、战略与战术、政策制定与政策执行的关系。

市场营销管理活动包括市场调查、选择目标市场、确定市场营销组合、制订市场营销计划、执行和控制市场营销计划等一系列的步骤和内容，它们构成了一个有机体。

市场营销人员在进行市场调查时，依次需要确定调查的对象、内容；设计市场调查问卷；选择合适的市场调查方法以及撰写营销调研报告。

目标市场选择需要在市场细分的基础上，对细分市场进行评估和选择确定，并结合内外部环境进行市场定位。

选择好目标市场后，需要确定市场营销组合。确定市场营销组合就是需要确定产品策略、价格策略、渠道策略和促销策略。

营销谚语

你只是中学毕业，通常不会成为 CEO，直到你把 CEO 职位拿到手为止。直到此时，人们才不会介意你只是中学毕业。

项目四　企业文化的魅力

名　言

今天工作不努力，明天努力找工作。——海尔公司格言

任务一　感知企业文化

试一试

说出企业文化和企业的关系。

想一想

先有企业还是先有企业文化？

经典赏析

在国际贸易活动中推销商品必须尊重当地风俗。

1. 在西班牙，最好穿黑色礼服出席晚宴。

2. 在法国，出席晚宴别忘了给主人送上一束鲜花，但千万别送菊花（菊花用于葬礼，黄色表示不忠诚）。

3. 在美国，红玫瑰是送给情人的，不适合送给主顾。

4. 在意大利，忌讳菊花。

5. 在日本，忌讳荷花。

6. 在印度尼西亚，见面时要立即递上名片。

7. 在新加坡，不要向对方说"恭喜发财"。

评一评

假如你是推销人员，你会根据客户的习俗决定销售的方式吗？

相关知识

一、感知企业文化

美国著名管理学家托马斯·J. 彼得斯（Thomas J. Peters）和罗特曼·H. 沃特曼（Robert H. Waterman）在《追求卓越》（*In Search of Excellence*）这本书中说："成就卓越的企业能够创造一种内容丰富、道德高尚而且为大家所接受的文化准则，一种紧密相连的环境结构，使员工们情绪饱满、互相适应和协调一致。他们有能力激发大批普通员工作出不同凡响的贡献，从而也就产生有高度价值的目标感。这种目标感来自对产品的热爱、提高服务质量的愿望和鼓励革新以及对每个人的贡献给予承认和荣誉。"他们在研究了美国43家大型企业的情况后得出结论："超群出众的企业之所以能做到这一步，是因为他们有一套独特的文化品质，是这种品质使他们脱颖而出，鹤立鸡群。同样，日本的企业能在世界崛起，也是依据其优良的企业理念。"企业经营的成功背后大多有其内在的坚实的理念底蕴。日本在战后30年内赶上欧美工业发达国家，其巨大成就与其说是源自包括国外援助和支持的物质力量，还不如说是源自日本民族勤奋、团结、自立的精神力量。理念制胜，这是其成功的核心内涵。

哈佛大学特伦斯·迪尔教授、麦金赛咨询公司顾问阿伦·肯尼迪对企业文化提出五要素：

（1）企业环境——对企业文化形成影响最大，是决定企业成功的关键因素。

（2）价值观——组织的基本思想和信念，是企业文化的核心。

（3）英雄人物——把企业价值观人格化且本身为职工提供了楷模。

（4）礼节和礼仪——公司日常生活中惯例和常规，向职工们表明对他们期望的行为。

（5）文化网络——组织内部的重要交际手段，公司价值观与英雄人物传奇公司的"运载工具"。

（一）企业文化的内涵

关于企业文化的内涵，众说纷纭。

（1）美国学者约翰·科特和詹姆斯·赫斯克特认为，企业文化是指一个企业中各个部门，至少是企业高层管理者们所共同拥有的那些企业价值观念和经营实践。是指企业中一个分部的各个职能部门或地处不同地理环境的部门所拥有的那种共同的文化现象。

（2）特雷斯·迪尔和阿伦·肯尼迪认为，企业文化是价值观、英雄人物、习俗仪式、文化网络、企业环境。

（3）威廉·达内认为，企业文化是"进取、守势、灵活性"，即确定活动、意见和行为模式的价值观。

（4）企业文化是一种新的现代企业管理理论，企业要真正步入市场，走出一条发展较快、效益较好、整体素质不断提高、使经济协调发展的路子，就必须普及和深化企业文化建设。

（5）企业文化有广义和狭义两种理解。广义的企业文化是指企业所创造的具有自身特点的物质文化和精神文化；狭义的企业文化是企业所形成的具有自身个性的经营宗旨、价值观念和道德行为准则的综合。

（6）企业文化是社会文化体系中的一个有机的重要组成部分，它是民族文化和现代意识在企业内部的综合反映和表现，是民族文化和现代意识影响下形成的具有企业特点和群体意识以及这种意识产生的行为规范。

（7）企业文化是企业内的群体对外界普遍的认知和态度。

（8）企业文化是在现代化大生产与市场经济发展基础上逐步产生的一种以现代科学管理为基础的新型管理理论和管理思想。也是企业全体员工在创业和发展过程中培育形成并共同遵守的最高目标、价值标准、基本信念和行为规范的总和。

（9）企业文化是经济意义和文化意义的混合，即指在企业界形成的价值观念、行为准则在人群中和社会上发生了文化的影响。它不是指知识修养，而是指人们对知识的态度；不是利润，而是对利润的心理；不是人际关系，而是人际关系所体现的处世为人的哲学。企业文化是一种渗透在企业的一切活动之中的东西，它是企业的美德所在。

企业文化是企业的核心竞争力。

核心竞争力（The Core Completence）是 C. K. 普拉哈拉德（C. K. Prahalad）和 G. 哈默（G. Hamel）于 1990 年在《哈佛商业评论》上发表的一篇题为《企业核心竞争力》（*The Core Completence of the Corporation*）的论文中率先提出的一种管理理论，其主要观点是面对复杂激烈的竞争，企业不仅要关注外部环境的变化，更要注重培育企业自身特有的资源优势，形成有别于其他企业且竞争对手不能用其他方法替代或效仿的竞争能力。

企业文化是一种氛围、一个潜移默化的基础、一个染缸。开放进取的企业文化能催人奋进、克服困难，腐朽落后封闭的企业文化会扼杀创造、摧残智慧。因此企业文化绝不是缥缈的东西，企业文化是企业组织、管理、运作、人际关系冰山中海平面下的承载基础，所以，要建立良好的企业文化不易，要撼动陈旧的企业文化更难。企业文化是企业为解决生存和发展的问题而树立形成的，被组织成员认为有效而共享，并共同遵循的基本信念和认知。企业文化集中体现了一个企业经营管理的核心主张以及由此产生的组织行为。企业文化，或称组织文化（Corporate Culture 或 Organizational Culture），是一个组织由其价值观、信念、仪式、符号、处事方式等组成的其特有的文化形式。

（二）各国企业文化的特点

文化是与民族分不开的，一定的文化总是一定民族的文化。企业文化是一个国家的微观组织文化，它是这个国家民族文化的组成部分，所以一个国家企业文化的特点实际就代表这个国家民族文化的特点。

下面我们仅对能代表东西方民族文化特点的几个国家和地区的企业文化和管理特点做一些简要介绍。

1. 美国

美国是一个多民族的移民国家，这决定了美国民族文化的个人主义特点。

美国的企业文化以个人主义为核心，但这种个人主义不是一般概念上的自私，而是强调个人的独立性、能动性、个性和个人成就。在这种个人主义思想的支配下，美国的企业管理以个人的能动主义为基础，鼓励职工个人奋斗，实行个人负责、个人决策。因此，在美国企业中个人英雄主义比较突出，许多企业常常把企业的创业者或对企业做出巨大贡献的个人推崇为英雄，企业对职工的评价也是基于能力主义原则，加薪和提职也只看能力和工作业绩，不考虑年龄、资历和学历等因素。以个人主义为特点的企业文化缺乏共同的价值观念，企业的价值目标和个人的价值目标是不一致的，企业以严密的组织结构、严格的规章制度来管理员工，以追求企业目标的实现。职工仅把企业看成是实现个人目标和自我价值的场所和手段。

2. 英国

欧洲文化是受基督教影响的，基督教给欧洲提供了理想价格的道德楷模。基督教信仰上帝，认为上帝是仁慈的，上帝要求人与人之间应该互爱。受这一观念的影响，欧洲文化崇尚个人的价值观，强调个人高层次的需求。欧洲人还注重理性和科学，强调逻辑推理和理性的分析。虽然欧洲企业文化的精神基础是相同的，但由于各个国家民族文化的不同，欧洲各个国家的企业文化也存在着差别。

英国人由于文化背景的原因，世袭观念强，一直把地主贵族视为社会的上层，企业经营者处于较低的社会等级。因此，英国企业家的价值观念比较讲究社会地位和等级差异，不是用优异的管理业绩来证明自己的社会价值，而是千方百计地使自己加入上层社会，因此在企业经营中墨守成规，冒险精神差。

3. 其他

法国最突出的特点是民族主义，傲慢、势利和优越感，因此法国人的企业管理表现出封闭守旧的观念。

意大利崇尚自由，以自我为中心，所以在企业管理上显得组织纪律差，企业组织的结构化程度低。但由于意大利的绝大多数企业属于中小企业，组织松散对企业生机影响并不突出。

德国人的官僚意识比较浓，组织纪律性强，而且勤奋刻苦。因此，德国的企业管理中，决策机构庞大、决策集体化，保证工人参加管理，往往要花较多的时间论证，但决策质量高。企业执行层划分严格，各部门负责只有一个主管，不设副职。职工参与企业管理广泛而正规，许多法律都保障了职工参与企业管理的权力。职工参与企业管理主要是通过参加企业监事会和董事会来实现。按照《职工参与管理法》规定，2万人以上的企业，20 名代表劳资代表各占一半，劳方的 10 名代表中，企业内推举 7人，企业外推举 3 人；10000～20000 人的企业中，监事会成员 16 人，劳方代表 8 人，其中企业内推举 6 人，企业外推举 2 人，1 万人以下的企业，监事会成员中的劳资代表均各占一半。

（三）企业文化的内容

企业文化的内容是十分广泛的，但其中最主要的应包括如下几点。

1. 经营哲学

经营哲学也称企业哲学，源于社会人文经济心理学的创新运用，是一个企业特有的从事生产经营和管理活动的方法论原则。它是指导企业行为的基础。一个企业在激烈的市场竞争环境中，面临着各种矛盾和多种选择，要求企业有一个科学的方法论来指导，有一套逻辑思维的程序来决定自己的行为，这就是经营哲学。例如，日本松下公司"讲求经济效益，重视生存的意志，事事谋求生存和发展"，这就是它的战略决策哲学。北京蓝岛商业大厦创办于 1994 年，它以"诚信为本，情义至上"的经营哲学为指导，"以情显义，以义取利，义利结合"，使之在创办 3 年的时间内营业额就翻了一番，跃居首都商界第 4 位。

2. 价值观念

所谓价值观念，是人们基于某种功利性或道义性的追求而对人们（个人、组织）本身的存在、行为和行为结果进行评价的基本观点。可以说，人生就是为了价值的追求，价值观念决定着人生追求行为。价值观不是人们在一时一事上的体现，而是在长期实践活动中形成的关于价值的观念体系。企业的价值观，是指企业职工对企业存在的意义、经营目的、经营宗旨的价值评价和为之追求的整体化、个异化的群体意识，是企业全体职工共同的价值准则。只有在共同的价值准则基础上才能产生企业正确的价值目标。有了正确的价值目标才会有奋力追求价值目标的行为，企业才有希望。因此，企业价值观决定着职工行为的取向，关系企业的生死存亡。只顾企业自身经济效益的价值观，就会偏离社会主义方向，不仅会损害国家和人民的利益，还会影响企业形象；只顾眼前利益的价值观，就会急功近利，搞短期行为，使企业失去后劲，导致灭亡。

3. 企业精神

企业精神是指企业基于自身特定的性质、任务、宗旨、时代要求和发展方向，并经过精心培养而形成的企业成员群体的精神风貌。

企业精神要通过企业全体职工有意识的实践活动体现出来。因此，它又是企业职工观念意识和进取心理的外化。

企业精神是企业文化的核心，在整个企业文化中起着支配的地位。企业精神以价值观念为基础，以价值目标为动力，对企业经营哲学、管理制度、道德风尚、团体意识和企业形象起着决定性的作用。可以说，企业精神是企业的灵魂。

企业精神通常用一些既富于哲理，又简洁明快的语言予以表达，便于职工铭记在心，时刻用于激励自己；也便于对外宣传，容易在人们脑海里形成印象，从而在社会上形成个性鲜明的企业形象。如王府井百货大楼的"一团火"精神，就是用大楼人的光和热去照亮、温暖每一颗心，其实质就是奉献服务；西单商场的"求实、奋进"精神，体现了以求实为核心的价值观念和真诚守信、开拓奋进的经营作风。

4. 企业道德

企业道德是指调整该企业与其他企业之间、企业与顾客之间、企业内部职工之间关系的行为规范的总和。它是从伦理关系的角度，以善与恶、公与私、荣与辱、诚实与虚伪等道德范畴为标准来评价和规范企业。

企业道德与法律规范和制度规范不同，不具有那样的强制性和约束力，但具有积极的示范效应和强烈的感染力，当被人们认可和接受后具有自我约束的力量。因此，它具有更广泛的适应性，是约束企业和职工行为的重要手段。中国老字号同仁堂药店之所以三百多年长盛不衰，在于它把中华民族优秀的传统美德融于企业的生产经营过程之中，形成了具有行业特色的职业道德，即"济世养身、精益求精、童叟无欺、一视同仁"。

5. 团体意识

团体即组织，团体意识是指组织成员的集体观念。团体意识是企业内部凝聚力形成的重要心理因素。企业团体意识的形成使企业的每个职工把自己的工作和行为都看成是实现企业目标的一个组成部分，使他们对自己作为企业的成员而感到自豪，对企业的成就产生荣誉感，从而把企业看成是自己利益的共同体和归属。因此，他们就会为实现企业的目标而努力奋斗，自觉地克服与实现企业目标不一致的行为。

6. 企业形象

企业形象是企业通过外部特征和经营实力表现出来的，被消费者和公众所认同的企业总体印象。由外部特征表现出来的企业的形象称表层形象，如招牌、门面、徽标、广告、商标、服饰、营业环境等，这些都给人以直观的感觉，容易形成印象；通过经营实力表现出来的形象称深层形象，它是企业内部要素的集中体现，如人员素质、生产经营能力、管理水平、资本实力、产品质量等。表层形象是以深层形象为基础，没有深层形象这个基础，表层形象就是虚假的，也不能长久地保持。流通企业由于主要是经营商品和提供服务，与顾客接触较多，所以表层形象显得格外重要，但这绝不是说深层形象可以放在次要的位置。北京西单商场以"诚实待人、诚心感人、诚信送人、诚恳让人"来树立全心全意为顾客服务的企业形象，而这种服务是建立在优美的购物环境、可靠的商品质量、实实在在的价格基础上的，即以强大的物质基础和经营实力作为优质服务的保证，达到表层形象和深层形象的结合，赢得了广大顾客的信任。

企业形象还包括企业形象的视觉识别系统，比如 VIS 系统，是企业对外宣传的视觉标识，是社会对这个企业的视觉认知的导入渠道之一，也是标志着该企业是否进入现代化管理的标志内容。

7. 企业制度

企业制度是在生产经营实践活动中所形成的，对人的行为带有强制性，并能保障一定权利的各种规定。从企业文化的层次结构看，企业制度属中间层次，它是精神文化的表现形式，是物质文化实现的保证。企业制度作为职工行为规范的模式，使个人的活动得以合理进行，内外人际关系得以协调，员工的共同利益受到保护，从而使企业有序地组织起来为实现企业目标而努力。

8. 文化结构

企业文化结构是指企业文化系统内各要素之间的时空顺序，主次地位与结合方式，企业文化结构就是企业文化的构成、形式、层次、内容、类型等的比例关系和位置关系。它表明各个要素如何链接，形成企业文化的整体模式。即企业物质文化、企业行为文化、企业制度文化、企业精神文化形态。

9. 企业使命

所谓企业使命是指企业在社会经济发展中所应担当的角色和责任。是指企业的根本性质和存在的理由，说明企业的经营领域、经营思想，为企业目标的确立与战略的制定提供依据。企业使命要说明企业在全社会经济领域中所经营的活动范围和层次，具体地表述企业在社会经济活动中的身份或角色。它包括的内容为企业的经营哲学，企业的宗旨和企业的形象。

二、影响企业文化的因素

先有企业，还是先有企业文化？许多人肯定认为不言而喻：有了企业才会形成企业文化，正是企业在成功之后才总结自己的企业文化模式。其实，企业文化的萌芽已不自觉地植根于创办企业时的动机和观念中。一些人谙熟企业文化是企业灵魂之功用，开创了在新办企业事先规划自己的企业文化模式而后成功推动企业初始启动的范例。因此企业文化的规划，有其重要性和迫切性。

塑造企业文化至少考虑以下影响因素：

第一，行业特征。企业主要属于哪个行业，那么该行业特征应反映在企业文化中。对制造业，强调"个人向上的资质"，即以个人为本，自我实现；对一般服务业，强调"对顾客的服务"；对传媒业、金融业，强调"对社会的服务"。

第二，企业家特质。企业家对企业决定性作用无可否定，因此企业家特质、个人魅力、工作风格和经营哲学均对企业文化的形成具有重大影响。

第三，长期形成。企业文化形成非短时之功，需要长时间潜移默化和渗透到心灵深处，才能成为企业员工的共同行为规范和共同意志。

第四，国内国际企业文化新潮。国内、国外知名企业均具有自己的文化模式，并形成一些流行概念。调查表明，使用较多的概念有和谐、诚实、努力、敬业、信用、服务、责任、奉献、创造力、安全、满意等。

第五，追求独特模式。企业文化最忌流于形式、趋于雷同。我国企业离不开"求实、创新、奉献、质量第一、用户至上"这些套话。在国有企业其企业文化大同小异背景下，应刻意追求自己特有的企业文化。

企业文化一般由企业领袖倡导，以企业全体员工集体意识为基础，达到全企业的共识和认同，最终融合为全体企业人的默契、习惯和氛围。有时还须进行洗脑（Brain Washing），强化企业文化的灌输教育。在塑造企业文化过程中；还应注意企业内亚态文化的整合；引导非正式组织，调动其积极性；并且与企业党政思想工作、营造"凝聚力工程"结合在一起。

三、企业文化的制定过程

1. 诊断文化现状

文化调研（大面积的访谈——员工、中层和高层），员工涉及各个部门。深度访谈，群体座谈会——目的是了解职工从上到下的生活习惯、工作理念和价值观。从朴实的话语中来凝练该公司的企业文化核心理念，由此看企业文化是根植于企业内部的。

2. 诊断目标文化

确定企业的核心文化，使员工都向着这一方向发展，所谓万变不离其宗。

3. 深度分析

将访谈的提纲和结论进行总结，提炼和汇总，并从理论的高度对其进行归纳和升华，并甄别出该企业对内对外应采用什么样的企业文化最合适，使其成为脍炙人口、广为传播的话语。

4. 理念的传播

要求生动、易懂，用讲故事的方式最好。如主任、机器维修工人等。

5. 将理念转化为行动

具体的实施过程：公关活动、表彰会、外聘专家进行学习教育等各种形式。

案例：

联想天条：不利用工作之便谋取私利；不收受红包；不从事第二职业；工薪保密。

联想的核心理念是：把员工的个人追求融入到企业的长远发展之中；具体的解释为：办企业就是办人；小公司做事、大公司做人；我们将使全体员工与企业一起发展，使我们的员工由于他们的贡献能得到社会的尊敬。

联想用人观：给你一个没有天花板的舞台；不唯学历重能力，不唯资历重业绩。

联想大局观：从联想的根本利益出发考虑问题。联想好员工标准：敬业精神和上进心、有韧性、有责任感、有悟性、富有创新精神、善于沟通、既会工作又会生活。

联想精神：求实、进取、创新。联想做事风格：认真、严格、主动、高效。联想做人风格：平等、信任、欣赏、亲情。

联想企业道德：诚信为本：取信于用户、取信于员工、取信于合作伙伴。

联想道德观：宁可损失金钱、绝不损失信誉；生意无论大小、一律一视同仁；待人真诚坦率、工作精益求精；光明正大干事、清清白白做人；勤勤恳恳劳动、理直气壮赚钱。

总之，企业文化也叫组织文化，是企业在长期的生存和发展中所形成的、为企业多数成员所共同遵循的最高目标、基本理念、价值标准和行为规范。简单地说，企业文化是指企业成员的共同价值观体系，它是企业行为规范、道德准则、风俗习惯和传统的有机统一。

四、企业文化的构成

（一）企业文化的内容

企业文化的内容一般体现在以下七个方面，它们也是企业文化的本质所在：

（1）稳定性。组织活动更重视维持现状而不是重视成长的程度。

（2）注重细节。组织期望员工做事缜密、善于分析和注意细节的程度。

（3）结果导向。组织的管理层在多大程度上将注意力集中在结果上，而不是强调实现这些结果的手段和过程。

（4）人际导向。组织的管理层在多大程度上考虑组织内部的决策结果对组织成员的影响。

（5）团队导向。组织在活动时围绕团队而非个人进行组织的程度。

（6）进取心。组织成员具备进取心、竞争意识而非贪图安逸的程度。

（7）创新与冒险。组织鼓励员工进行创新和冒险的程度。

以上每一个方面都表现在一个从低到高的连续带。从这七个方面来评价组织，就能得到企业文化的全貌，从中可以反映出组织成员对组织共同的理解和感觉、在组织中的做事方式以及组织成员应有的行为方式等。

（二）企业文化的结构

企业文化的结构由外到内可分为三个层次：物质层、制度层和精神层。

1. 物质层

物质层又可以称为器物层，是企业文化在物质层次上的体现，是群体价值观的物质载体。物质层是企业文化的表层部分或外显层次。

物质层包括企业的名称、标志、产品的外观及包装、设备特色、建筑风格、纪念物等外显的标识。另外组织的业余文化活动及其成品，如摄影作品、电影、文学、歌舞作品等。它们往往能折射出组织的经营思想、工作作风和审美意识，是看得见、摸得着的。

2. 制度层

制度层主要是指对组织成员和组织行为产生规范性、约束性影响的部分。它集中体现在组织中的各种行动准则或规章制度。制度是外加的行为规范，它约束组织成员的行为，维持组织活动的正常秩序。制度层是企业文化的中间层次。

制度层一般包括：一般制度、特殊制度、组织风俗。

（1）一般制度。各组织存在的一些带有普遍意义的工作制度、管理制度以及各种责任制度和一些不成文的组织规范和习惯。它们对组织员工的行为起着约束作用，保证组织有序运转。如人事管理制度、财务管理制、岗位负责制、职代会制、按劳取酬的分配制度等。

（2）特殊制度。组织特有的一些非程序化的制度，如员工评议干部制度、总结表彰制度等。

（3）组织风俗。它是指组织内部长期形成、约定俗成的一些特殊典礼、仪式、风俗活动等。

组织特殊制度与一般制度相比，更能反映一个组织的管理特点和文化特色，有良好企业文化的组织，必然有多种多样的特殊制度；组织风俗与一般制度及特殊制度也有所不同，不是表现为准确的文字条目形式，也不需要强制执行，而是完全依靠习惯、偏好的势力维持。组织风俗由物质层主导，又反作用于精神层。

3. 精神层

精神层主要指组织的领导与员工共同信守的共同的基本理念、价值标准、职业道德及精神风貌等。精神层也称为观念层（内隐层次），是企业文化的核心和主体，是形成物质层和制度层的基础和原因。

精神层主要包括企业最高目标、经营哲学、经营宗旨、企业精神、企业道德、企业风气等。其中企业精神最重要，是群体价值观的主要部分。

有没有精神层，是衡量一个组织是否形成了自己的企业文化的主要标志和标准。企业文化的物质层、制度层和精神层三者是紧密相连的。物质层是企业文化的外在表现，是制度层及精神层的物质基础。制度层则制约和规范着物质层及精神层的建设。没有严格的规章制度，企业文化建设也就无从谈起。精神层是形成物质层及制度层的思想基础。也是企业文化的核心和灵魂。

（三）企业文化的类型

迪尔和肯尼迪把企业文化分为四种类型：即强人文化；拼命干、尽情玩文化；攻坚文化；过程文化。

1. 强人文化

这种文化鼓励内部竞争和创新，鼓励冒险。有竞争性较强、产品更新快的企业文化特点。它所鼓励的人经常冒大风险，且其行为不论对或错，都很快得到反馈。这种文化形成于高风险、快反馈的企业，如建筑、广告、影视、出版、体育等。强人文化的特点是：崇尚个人明星、英雄。

2. 拼命干、尽情玩文化

这种文化把工作与娱乐并重，鼓励职工完成风险较小的工作。有竞争性不强、产品比较稳定的企业文化特点。它所鼓励的员工喜欢采取低风险、快反馈的方式而取得成功。它形成于房地产、汽车等行业。

这种文化的特点是：

（1）工作数量扮演着极为重要的角色。

（2）崇尚优胜群体。

（3）着迷于有刺激性的活动。

这种文化对人的要求是：工作时拼命干，玩乐时尽情玩，对人友好，善于交际，发现需要并满足之。

这种文化类型的优点是：行动迅速，适合于完成工作量极大的工作。其缺点是：缺乏思考和敏感，常常使胜利者自我陶醉而变得愚蠢，忘记了今天的成功可能会导致明天的失败。

3. 攻坚文化

这种文化形成于风险大、反馈慢的企业，如石油开采、航空航天行业、电脑。

这种文化类型的特征是：

（1）崇尚创造美好的未来。

（2）权威、技术能力、逻辑和条理性扮演着重要角色。

（3）以企业例会为主要仪式，决策自上而下，不能容忍不成熟的行为。

这种文化类型对人的要求是：凡事须深思熟虑，再三权衡利弊，一旦下定决心，就不能轻易改变。

这种文化类型的优点是：完全适应于高风险、慢反馈的环境，往往会导致高质量的发明和重大的科技突破。其缺点是：有时慢得可怕，缺乏激情。

4. 过程文化

过程文化是"官僚文化"。它形成于风险小、反馈慢的企业，如银行、保险、电力。

这种文化的特征是：崇尚过程的细节，严格按程序办事；小事扮演着重要角色，喜欢小题大做；仪式体现着严格的等级观念。

这种文化对人的要求是：遵纪守时，谨慎周到。

这种文化的优点是：有利于稳定。其缺点是过于保守。

这四种企业文化类型如下图所示。

大	1. 石油开采、飞机、电脑 以公司为赌注（长期赌注）的文化 （1）价值：谨慎、长期的分析 （2）能适应的人：能忍受不明的状况，能够谨慎分析 （3）缺点：行动迟缓	2. 建筑、化妆品、广告、外科医生 大胆、男性的文化（硬汉文化） （1）价值：背负风险 （2）适应的人：能耐赌注 （3）缺点：无法做长期投资
（风险） 小	4. 银行、保险、电力 过程文化或手续、官僚主义的文化 （1）价值：正确度、完成主义 （2）适合的人：注意细节 （3）缺点：进步迟缓	3. 汽车销售等销售业 努力工作、纵情享受的文化 （1）价值：找出需求、活动能力强、迅速应对 （2）适合的人：会工作、会玩、人际关系好 （3）缺点：欠缺分析能力

企业文化类型

企业文化按照企业的状态和作风划分为：

（1）活力型。特点是：重组织、追求革新，有明确的目标，面向外部，上下左右沟通良好，责任心强。

（2）停滞型。特点是：急功近利，无远大目标，带有利己倾向，自我保全、面向内部，行动迟缓，不负责任。

（3）官僚型。特点是：例行公事，官样文章。

企业文化按照企业的性质和规模划分为：

（1）温室型。这是传统国有企业所特有的。对外部环境不感兴趣，缺乏冒险精神，缺乏激励和约束。

（2）拾穗者型。中小型企业特有。战略随环境变动而转移，其组织结构缺乏秩序，职能比较分散。价值体系的基础是尊重领导人。

（3）菜园型。力图维护在传统市场的统治地位，家长式经营，工作人员的激励处于较低水平。

（4）大型种植物型。大企业特有。其特点是：不断适应环境变化，工作人员的主动性、积极性受到激励。

五、企业文化与组织形象的关系

组织形象（CI）包括三个层次：理念识别（MI）、行为识别（BI）和视觉识别（VI）。

1. 理念识别（MI）

它包括企业目标、企业哲学、经营宗旨、企业精神、企业道德等的形象。

2. 行为识别（BI）

它对内包括组织管理、人员培训、企业礼仪和风尚、工作环境与气氛等；对外则包括市场调查、产品推广、服务态度和技巧、公共关系活动等形象。

3. 视觉识别（VI）

它基本部分包括企业名称标志、标准字、标准色、精神标语、手册等，它的应用部分涉及产品及其包装、招牌与旗帜、办公用品、衣着制服、建筑风格、厂容厂貌、纪念物、广告等形象。

组织形象不等于企业文化。

六、企业文化的特性

（一）科学性与人文性

科学与人文是两种文化。简单地说，"科学"是人认识外物，主要是指自然科学，它偏重对"真""功利"的追求。"人文"是指人认识自己，主要是指对人性中的价值、善、审美等进行认识的人文学科。科学与人文实际上都是对人或人类社会最高境界——"真、善、美"的追求。这就是说，科学和人文是紧密相连的。

（二）民族性

任何一个企业文化都是以本民族传统文化为基础的，这就是说，企业文化深深地被打上了本民族文化的烙印。离开了本民族的传统文化，企业文化就成了无源之水。因此，民族性是企业文化的重要特征。如，日本企业倡导礼教习俗、家庭风尚等体现了其民族文化的特点。美国企业非常强调"追求不可遗憾的事实"等离不开其民族文化。也可以这么说，日本和美国企业文化的差异的一个重要原因就是日本和美国的民族文化之间的差异。

（三）系统性

系统性又称整体性。这主要表现在：

（1）企业文化是由精神文化、制度文化、行为文化、物质文化等所构成的一个系统。这是因为精神文化、制度文化、行为文化、物质文化等是有内在联系的。

（2）企业文化是由企业环境、价值观、英雄人物等多种要素所构成的一个整体。

（3）企业文化的建设要从全局性出发，结合企业的内外环境条件，着眼于社会这个整体，追求一个和谐、协调的发展。

（四）时代性

任何一个企业都是在一定的时代中进行的，因此，任何一个企业文化总是反映这一时代及其精神。由于时代总是会变化的，所以，企业文化也总会变化。比如，我国企业在 20 世纪 50 年代倡导"鞍钢文化"，在 20 世纪 60 年代强调"大庆文化"，当今又提出了"海尔文化"。这实际上也反映了企业文化是随时代而变化的。

（五）多样性

企业是社会经济活动的基本单位，每个企业在经营管理活动中必然会产生一系列文化现象。虽然每个企业都是由人组成的，都要有资金、技术、场所，都要向人们提供某种产品，并赚利润，但是，每个企业又都是不同的，这是因为它是由不同的人组成，生产不同的产品，需要不同的技术和原料，更重要的是，每个企业所遵循的价值观念、思想道德、传统作风、行为规范和群体意识是有差异的。所以，每个企业和其他企业虽然在企业文化上有共同点，但是，在企业文化上毕竟有区别，这就是说，每个企业都有自己的企业文化，不同的企业有不同的文化风貌。它们所信奉的精神观念、思想道德又必须通过它们的行为和各种物质手段凸现出来，所以，它们的行为文化、物质文化等也是有区别的。

如果只对生产物质财富的企业进行分类，在市场经济条件下，则企业可分为以生产为中心和以贸易为中心两类。这两类企业各有自己的经营目标，在一定的风险环境中致力于生产或交换物质产品，以满足人们不断增长的需要。如果市场上出现某种产品供不应求，则有建立企业或继续生产该产品的动力。如果产品等能够更好地满足社会需要，则社会对其产品的需求量就大，决策者就会采用先进技术以及各种文化手段，以生产出具有特色并能多获利润的产品。而以贸易为中心的企业则通过其独特的营销文化等来交换物质产品，以获得最大的利润。显然，这两类的企业所具有的文化是有差异的。再比如，制造业与创新业所具有的企业文化不尽相同。制造业以体力、技艺、机械力和管理组合作为生产力的主体，绝大部分生产都是外在的、透明的，劳动强度、技术熟练程度都可以量化到个人，科学与理性是管理的主要内容，产品主要满足人们的物质需要。创新业主要以知识、智慧和思维方法合成生产力的主体，脑力劳动决定了创新的过程基本上都是在"黑箱"中进行，劳动强度、思维的速度和敏捷性都无法量化，只有外化为具体的"产品"时，才能间接地感受到，产品主要满足人们的精神需要。因此，制造业的特性决定它需要一种以"管"为主，强调服从、纪律、集体和严格的企业文化。而创新业的特性则决定它需要一种以"理"为主，以弹性工作制和人性化环境为依托，能够充分凸现人的个性和创造力的企业文化。

在不同的社会制度、不同的市场经济模式中，有不同的企业文化模式。在不同的国度、不同的文化背景下，也必然有不同的企业文化模式，如美国的"IBM 文化"、日本的"松下文化"。即使在同一国度，也会因地域、企业的不同创业史等原因形成不同的企业文化，如我国的"大庆文化"、"鞍钢文化"等。

所以，不同的企业文化既具有统一性，又具有差异性。

小组讨论：

企业文化是老板制定的？

🔧 任务实施

实训背景：（马云谈管理）讲到文化和领导力，马云首先从分析制度和文化的关系开始。一个企业最重要、最有价值的东西是什么？西方的企业管理理念根植于其强大的法治文化，因而非常强调制度的重要性。许多企业向西方学习管理时，往往制定一条又一条的规章制度，恨不得把每个员工从头管到脚。

对于这样的观点，马云认为，制度有其天然的缺陷。首先，没有人愿意在制度的条条框框下干活，制度越多，员工干得越不开心，企业何来活力？其次，制度再多，总有制度无法到达的地方，况且，再严密的制度，总能找出规避的办法。在制度之外，如何引导员工如企业所愿地做事，马云认为只有文化。中国不缺制度，很多倒下去的国有企业，规章制度多到负责制定的部门自己也搞不清楚。但是没有很好的企业文化，制度再多，得不到执行，最后还是空的。马云认为，企业文化的精神内核是一种油然而生的使命感。一群人因为有了共同的目标或者说使命感而组织起来，从而产生了比离散的个人更为强大的力量。因此，使命感对于一个组织来说是必不可缺的。尤其是当一个公司成为行业的先驱和领军者时，因为没有可以模仿的对象，企业如何往前走，这个业务做与不做，全赖使命感来驱动和抉择。每一个企业都要找到自己的使命，根据这个使命才有你的行动准则和方向，你才知道去哪里。马云以我们自身的成长为例，正是因为在成长过程中父母老师耳提面命，千叮万嘱，才塑造出我们每一个人生活的观念、行为的准则。文化是一定要训练和考核的，不训练不考核是没有用的。

但是成为一名管理者就不一样了。你是经理，别人的成功才是你的成功，向你报告的 7 个人他们的加工资，他们的买房子，他们的快乐，他们家庭的快乐都跟你有关系的。所以马云强调，在阿里巴巴，要提拔一个人做经理，首先要考核的是他愿不愿意为底下人负责。

除了价值观，马云认为，做一个好领导，还需要考核 3 个指标，眼光、胸怀和超越伯乐。他尤其强调胸怀的重要性。他说，10 个能干的人 9 个是古怪的。因为能干的人这儿能干那儿有问题，那儿能干这儿有问题，基本都是这样的。所以作为一个领导，需要能够包容他们的胸怀。

实训要求：根据案例分析企业文化和领导权利的关系？要求各小组以 PPT 的形式展示结果。

任务反馈

任务二　企业文化的魅力

试一试

谈一谈企业文化在企业中的作用。

想一想

企业文化对员工的影响？

经典赏析

在不同国家，如果一个职工假日不休息，坚持上班，舆论对他的评价也不同。

在日本，舆论会认为他对公司忠心耿耿，对工作兢兢业业，给予赞扬和尊重。

在美国，舆论会认为这个人工作效率低，连假期也用于工作，给予批评。

在西欧，舆论会表示惋惜，认为这是不会享受生活的表现。

因此，精明的企业在推出每一项重大措施时都会密切注意舆论的评价。

评一评

假如你是老板，你如何看待企业文化？

相关知识

一、企业文化的作用

企业文化总是随着企业和社会文化的发展而不断发展。

（一）"塑造人"的作用

这一作用又称教化作用。这就是说，人是文化的产物。不同的文化塑造的人是不一样的。具体地说，人不仅是家庭文化、学校文化、社会文化的产物，而且是民族传统文化的产物。比如，城市家庭文化和农村家庭文化所熏陶出来的人有不少差异，知识分子家庭文化和普通老百姓家庭文化所培养出来的人也有明显的差异。同样，不同学校的文化传统塑造出来的学生也有差异，比如，北京大学所培养出来的学生和普通高等院校所培养出来的学生有明显的差异。在这里，特别强调的是人还是民族文化的产物。不同的民族文化塑造出了不同的人，且导致了不同民族的人所作所为的差异。虽然不同的民族文化有相同的地方，其所导致的不同民族的人所作所为有相同的地方，但是，由于不同的民族文化毕竟有重大的区别，所以，不同的民族文化的人所作所为也毕竟有区别的地方。

同样，企业文化的作用也在于其培养企业所必需的人。由于上面所说的每一个企业文化之间有相同点和不同点，所以，不同的企业文化所塑造出来的人也有相同点和不同点。具体地说，企业文化可以使人学到进行生产经营及管理的知识、经验，使人树立崇高的理想，培养人的高尚道德，锻炼人的意志，净化人的心灵，使人学到为人处世的艺术，从而，提高了人的能力，有助于人的全面发展。

下面所说的企业文化的作用都是由"塑造人"这一作用推出的。

1. 导向作用

企业文化的导向作用是指对企业的发展方向、价值观念和行为文化等的引导作用。

特别是由于企业文化集中反映了员工的共同的价值观、目标，所以，它对任何一个员工都有一种无形的强大的感召力，把员工引导到既定的目标方向上来，始终不渝地为实现企业目标而努力奋斗。

企业文化的这一作用也可以称为凝聚作用，这是因为目标导向和价值导向实际上就是目标凝聚和价值凝聚。目标凝聚是指通过企业目标以其突出、集中、明确和具体的形式向员工和社会公众表明企业行为的意义，使企业目标成为全体员工努力奋斗的方向，从而形成强大的凝聚力和向心力。价值凝聚是指通过共同的价值观，使企业内部存在着共同的目标和利益，且使之成为员工的精神支柱，从而把员工牢牢地联结起来，为了实现共同的目标。

2. 约束作用

企业文化的约束作用是通过制度文化和精神文化规范而发生作用的。制度文化的约束作用较为明显，且是硬性的、有形的。制度面前人人平等。企业的精神文化包括社会公德和职业道德，是一种无形的理性的韧性约束。特别是，受企业文化熏陶的员工如果对企业所承担的社会责任和目标有深刻的领悟和理解，就会自觉地约束自己的行为。

企业文化的约束作用包括自控作用。如果制度规定、道德规范等企业文化成为员工的自觉或不自觉的意识时，员工就会自觉或不自觉地按这些观念和规范行事，即产生一种理所当然、理应如此的感觉。此时，不管人前人后、领导在与不在、有无检查等，员工都能自觉地按照企业文化的要求办事。如果违背，即使不为人所知或不被人指责，员工也会反省自己，感到内疚不安。这就是人们通常所说的"道德自觉"。一旦如此，一个企业就用不着什么巨细无遗的规章制度等。这就表明了该企业文化已经达到了很高的境界。

3. 激励作用

所谓激励，是企业通过一定的刺激，使员工产生一种情绪高昂、奋发向上的效果。具体地说，主要表现在以下几个方面：

（1）关心激励。企业各级主管应该了解其员工的实际情况，帮助他们解决在工作和生活上的困难，使员工产生对企业的依赖感，充分感受到企业的温暖，从而为企业尽力尽责。

（2）信任鼓励。优秀的企业文化总是建立在尊重、相信人的基础上，最大限度地激发员工的积极性和首创精神，使员工以主人翁的姿态关心企业的发展，贡献自己的聪明才智。

（3）宣泄鼓励。企业内部难免不会出现矛盾等，而使员工产生不满。管理者就应当善于采取适合的方式，让员工消气泄愤，能够心平气和地为企业工作。

4. 辐射作用

企业文化不仅对内产生强烈的感染传播作用，即上面所说的凝聚作用，而且对社会有扩散的作用，即把企业的良好的精神风貌等辐射到社会，对社会的精神文明建设等起着积极的影响，这一影响的主要途径有：

（1）产品辐射。企业文化中产品文化向社会的扩散。

（2）精神辐射。企业文化中精神文化向社会的扩散，并为其他企业或组织所借鉴、学习和接纳。

（3）人员辐射。企业文化通过员工向社会传播和扩散。

（4）宣传辐射。企业文化通过宣传媒介等向外扩散。

5. 阻抑作用

企业文化一旦成为传统，就有可能形成阻抑作用。即使优秀的企业文化传统，可能因其文化先进的相对性，当其发展到一定阶段时，也具有了僵化性和保守性，进而形成了一定的阻抑作用。当然，不良的乃至落后的企业文化传统的基本文化功能就是阻抑作用。

比如，在企业决策文化上，日本一方面具有其决策后的行动果断、迅速和一致，决策过程中的尽量避免意见对立和冲突，决策前的情报收集和资料占有等有利的一面；另一方面具有决策漫长、拖拉的一面。

与此不同，欧美国家讲究节奏、当机立断。

再比如，"斤斤计较、精明过人"是日本企业的文化传统，这对具体的经营、生产、积累固然大有益处，对一般的交易中的即时、短期利益保障也有好处，但在对外经济关系中，在久远的合作关系中，却有着极大的弊病，这往往会限制和束缚决策当事人的手脚，造成经济合作中的狭隘、小气，缺乏大家风度，给对方造成不快，给未来和长久合作带来阴影。

所以，任何优秀的企业文化传统都是相对的，都可能有其不足取的一面。

6. 调适作用

调适就是调整和适应。企业各部门之间、职工之间，由于各种原因难免会产生一些矛盾，解决这些矛盾需要各自进行自我调节；企业与环境、与顾客、与企业、与国家、与社会之间都会存在不协调、不适应之处，这也需要进行调整和适应。企业哲学和企业道德规范使经营者和普通员工能科学地处理这些矛盾，自觉地约束自己。完美的企业形象就是进行这些调节的结果。调适功能实际也是企业能动作用的一种表现。

（二）企业文化在人力资源管理中的作用

企业文化一般都是企业创始人或企业高层领导者价值观念的直接体现，反映了他们对事、对人的基本看法以及基本的价值取向，当这些价值观念在企业成员之间达成共识之后，就形成了企业的文化；而人们的观念意识又决定着他们的行为，因此不同的企业文化必然会导致管理方式的不同，人力资源管理作为管理的主要内容，自然也要受到企业文化的影响。

二、企业文化的建设

一般认为，企业文化的形成过程有四个阶段：

（1）组织创建者的经营理念与经营哲学形成阶段。

（2）甄选目标阶段。

（3）高层管理者的言传身教阶段。

（4）新员工社会化阶段。

企业文化建设的方法：组织可以通过多种方式建设自己的企业文化，如管理者对事情的关注与反应、角色示范和培训、报酬与晋升、标准招聘、选拔、退休、解雇等制度和标准组织设计等，但最有效的方式是故事、仪式、物质象征和语言。

所谓企业文化建设，就是组织领导者有意识地倡导优良文化，克服不良文化的过程。企业文化建设一般有三个步骤。

（1）企业文化盘点。

（2）企业文化设计。

（3）企业文化实施。

🔧 任务实施

实训背景：请选择某一知名企业，收集其企业文化的相关资料，指出它们各是属于企业文化的哪一层次，并分析之间的相互关系。

实训要求：各小组以 PPT 的形式展示结果。

⊕ 任务反馈

_____

_____

_____

项目小结

企业文化是企业在长期的生存和发展中所形成的、为企业多数成员所共同遵循的最高目标、基本理念、价值标准和行为规范。企业文化可分为物质层、制度层和精神层三个层次，精神层是核心层。

企业文化的分类有学院型、俱乐部型、垒垒型、堡垒型和学习型。企业文化有导向、规范、凝聚、激励、创新和辐射作用。

企业文化的形成有四个时期：经营理念与经营哲学形成阶段、甄选目标阶段、高层管理者的言传身教阶段、新员工社会化阶段。

企业文化的建设有四种方法：故事、仪式、物质象征、语言。企业文化的建设有三个步骤：企业文化盘点、企业文化设计、企业文化实施。

　　激发人的活力，调动人的积极性是人力资源管理的重要内容。激励，就是要激发人的积极性，勉励人向期待的目标努力。激励的作用在工作实践中是显而易见的。但激励要遵循一定的原则，否则就会使激励偏离方向。激励的方法很多。一般说来，针对人的不同需要来"对症下药"是激励得以实现的主要途径和方法。

营销谚语

　　21世纪，没有危机感是最大的危机。没有危机感，其实就有了危机；有了危机感，才能有效地避免危机。

参考文献

[1] 赵永生. 现代企业管理 [M]. 北京：清华大学出版社，2004.

[2] 林宏，余向平. 现代企业管理 [M]. 杭州：浙江大学出版社，2004.

[3] 徐春立，苑泽明. 财务管理 [M]. 北京：经济科学出版社，2003.

[4] 章达友. 人力资源管理 [M]. 厦门：厦门大学出版社，2003.

[5] 胡君辰，郑绍濂. 人力资源开发与管理 [M]. 上海：复旦大学出版社，2004.

[6] 孙柏英，祁光华. 公共部门人力资源管理 [M]. 北京：中国人民大学出版社，1999.

[7] 吴照云. 企业管理学 [M]. 北京：经济管理出版社，2003.

[8] 刘耀宗. 企业信息系统和管理信息系统发展趋势 [J]. 重庆建筑大学学报，2002（3）.

[9] 刘宁杰. 企业管理 [M]. 大连：东北财经大学出版社，2005.

[10] 徐飞. 战略管理 [M]. 北京：中国人民大学出版社，2009.

[11] 邹昭晞. 企业战略管理 [M]. 北京：中国人民大学出版社，2012.

[12] 王铁男. 企业战略管理 [M]. 北京：科学出版社，2010.

[13] 魏杰. 现代企业管理学 [M]. 北京：中共中央党校出版社，2000.